RÉPONSE

AU

SUPPLÉMENT

DU SIECLE

DE LOUIS XIV.

An, si quis atro dente me petiverit,
Inultus ut flebo p..er ?

A COLMAR.

M. DCC. LIV.

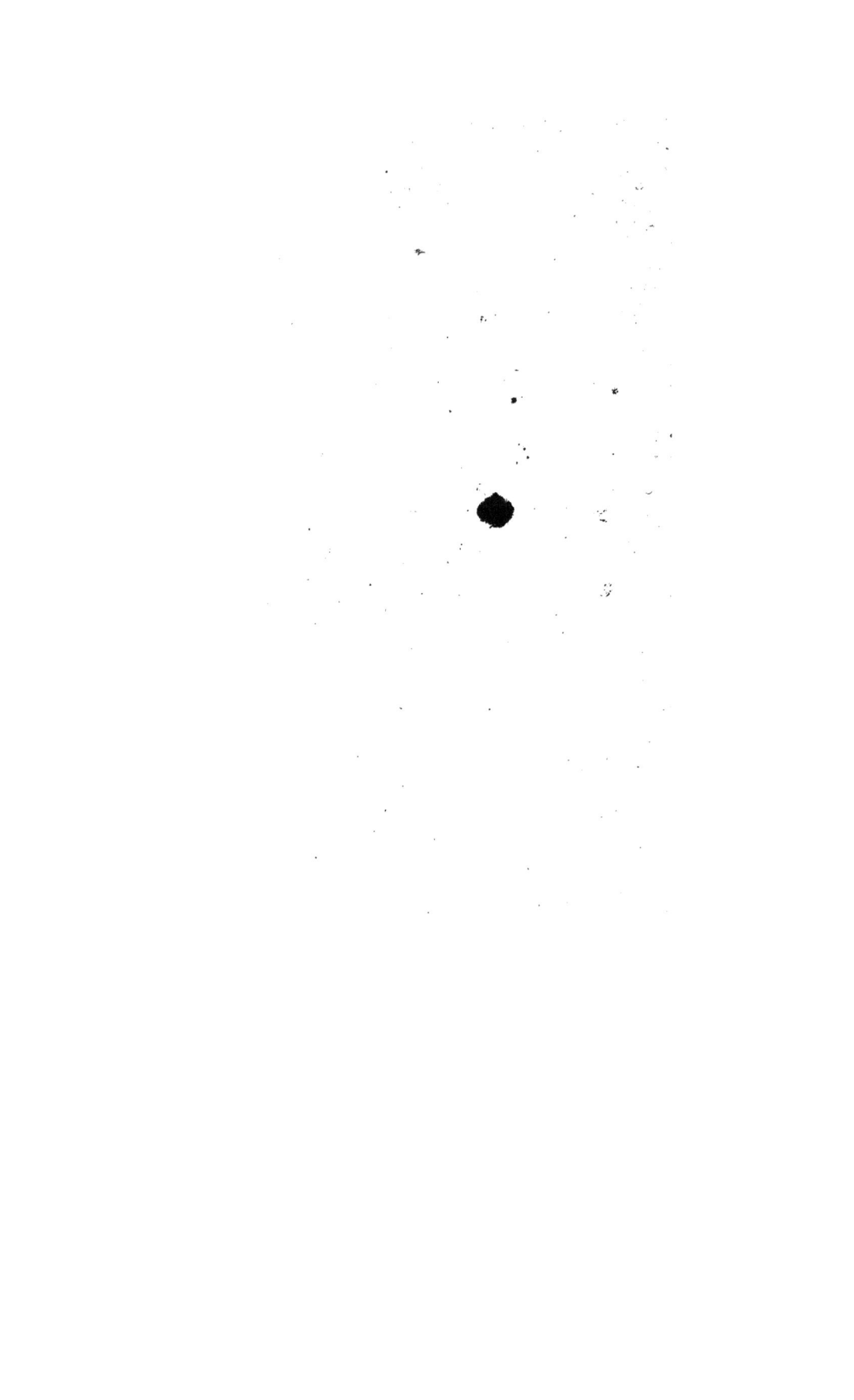

AVERTISSEMENT
DU LIBRAIRE.

LE 2 Décembre 1751. M. de
Voltaire, ayant l'honneur de
souper avec un grand Roi, eut la
foiblesse de nuire essentiellement à
M. de la Beaumelle auprès de ce
Roi.

Le 4 Avril 1752. le *Siecle de Louis XIV.* parut à Berlin. M. de
la Beaumelle eut le malheur de
trouver ce Livre fort au-dessous
du sujet, & en commença la critique comme si le Livre eût été bon.

Le 18 Septembre 1752. Eslinger,
Libraire de Francfort, qui prépa-
roît une édition du Siecle de Louis
XIV. la fit, & y ajouta quelques
notes critiques de M. de la Beaumelle, qui furent, dit-on, continuées
par le Ch... de M...

A ij   Au

Au mois de May 1753. M. de
Voltaire répondit à cette critique,
comme si elle étoit en entier de
M. de la Beaumelle, composa un
libelle contre lui, comme si c'é-
toit sa faute que M. de Voltaire eut
fait un mauvais Livre, & ne répandit ce libelle (sous le titre de Supplément au Siecle de Louis XIV.)
qu'après s'être bien assuré que M.
de la Beaumelle avoit les mains
liées.

Aujourd'hui 29 Octobre 1753.
M. de la Beaumelle peut se défendre & se défend. * Voyez, Lecteur,
s'il se défend bien.

---

* Cette Réponse prête dès la fin d'Octobre
1753. n'a pû être imprimée qu'au mois
d'Avril 1754. ce qui a donné lieu à quelques additions.

RÉ-

RÉPONSE
AU
SUPPLEMENT
DU SIECLE
DE LOUIS XIV.

A M. DE VOLTAIRE.

Ouт le monde vous abandonne, Monſieur. Diſgracié à Berlin, où il ne tenoit qu'à vous d'être heureux , on vous rebute à Hanovre , où vous ne demandiez pour tout dédommagement que mille liv. ſterlings de penſion. On vous refuſe un azile à Vienne , où quelques mois auparavant

A iij

ravant on avoit eu la foibleſſe de
vous accorder une Lettre de cachet contre moi. On rejette vos
Epitres dédicatoires à Berne. On
n'aime aujourd'hui en Hollande
que les eſprits tranquilles & doux.
On m'aſſure que vous ne pouvez
rentrer à Paris. Vos amis ne le ſont
plus. Vos ennemis triomphent : le
pouvoir vous accable : la ſageſſe
applaudit. Quel aſile , quelle reſ-
ſource vous reſte-il ? Colmar & ma
pitié.

Oui , Monſieur, vos infortunes
me touchent. Et dans l'inſtant que
je ſors de ce Château , où une calomnie dont vous connoiſſez l'Auteur m'a retenu pendant ſix mois ,
j'apprens vos malheurs , & j'oublie
ma vengeance.

Je viens de lire votre *ſupplément*
au Siecle de Louis XIV. c'eſt un
tiſſu d'injures contre moi : j'en ai
eu honte pour vous.

J'ai lû enſuite cette Déclaration
datée du lieu de votre priſon à
Franc-

Francfort. Et fenfible aux maux
d'autrui par un trifte retour fur les
miens, j'ai frémi de voir le plus
bel efprit de France, un homme
que j'avois laiffé encore affez bien
avec un grand Roi, un vieillard,
un vieillard infirme, de le voir avec
une Niece qu'il aime dans un état
encore plus trifte que celui, d'où un
Miniftre mieux informé vient de
me tirer.

Vous m'avez fait tout le mal
qu'un homme peut faire à un
homme. Vous avez commencé à
me perfécuter à Berlin, continué
à Francfort, achevé à Paris. Vous
avez attendu que j'euffe les mains
liées pour me porter les plus fenfi-
bles coups. Je vous pardonne.

C'eft beaucoup pour vous qui
fentez combien je fuis en droit de
vous haïr. C'eft peu pour moi qui
fçais jufqu'où vont les droits des
malheureux. Je vous plains. Que
ne puis-je ajouter ? Je vous aime.

Nous voilà libres. Vengeons-
nous

nous des difgraces en nous les ren-
dant utiles. Laiffons toutes ces pe-
titeffes littéraires qui ont répandu
tant de nuages fur le cours de votre vie , tant d'amertume fur ma
jeuneffe. Un peu plus de gloire,
un peu plus d'opulence, qu'eft-ce
que tout cela ? Cherchons le bon-
heur & non les dehors du bon-
heur. La plus brillante réputation
ne vaut jamais ce qu'elle coute ;
Charles-Quint foupire après la retraite: Ovide fouhaite d'être un fot.

Nous voilà libres : je fuis hors
de la Baftille, vous n'êtes plus à la
Cour. Profitons d'un bien qu'on
peut nous ravir à tout moment.
Refpectons cette grandeur, dan-
gereufe à ceux qui l'approchent ;
& cette autorité, terrible à ceux
même qui l'exercent. Et s'il eft vrai
qu'on ne peut penfer fans rifque,
ne penfons plus. Tous les plaifirs
de la réflexion valent-ils ceux de
la fureté ? Croyons en , vous,
foixante ans d'expérience , moi,
fix

fix mois d'anéantiffement ; foyons
plus fages, ou du moins plus pru-
dens : & les rides de la vieilleffe,
& le fouvenir des verroux, ces
outrages du tems & du pouvoir,
deviendront pour nous de vrais
biens.

Voilà mes fentimens ; fi vous
les haïffez dans un ennemi, vous
êtes à plaindre : fi vous les parta-
gés avec moi, vous vous rapro-
chez du vrai. C'eft pour m'y attacher par un lien plus fort que je
vous en fais le dépofitaire.

Après cela, dois-je répondre à
votre *fupplément*, à ce libelle atroce
jufqu'au ridicule, à cette invective
fans fel comme fans verité, à cette
Philippique bien plus écrite contre vous que contre moi ?

La certitude où je fuis que vous
voudriez ne l'avoir pas faite, vos
contradictions, mon goût pour la
paix, mon averfion pour les difputes, mon mépris pour les difputes littéraires, des occupations plus
impor-

importantes, tout concourt à m'en détourner.

D'ailleur, votre *supplément* aura le fort d'une partie de vos Ouvrages : je n'ai donc rien à craindre de la postérité. Et votre passion est trop connue, pour que j'aye rien à craindre de mon siécle.

Mais vous attaqués mon honneur : Je réponds.

M. de Maupertuis, me direz-vous, n'a point répondu : Eh ! vous répondrois-je, si j'étois le quart de Maupertuis ?

On me blâmera : je le prévois : j'entends déja ceux qui prennent pour modération leur insensibilité aux injures de leurs semblables me dire : quel tort peuvent vous faire les invectives de cet homme ? Qu'est-ce qu'un libelle qui se refute lui-même à force de se contredire ? Quand l'outrage est porté jusqu'à un certain point, & part de certaine bouche, la seule réponse est le silence & le mépris.

Tel

Tel fera le fentiment des gens du monde. Ils ne peuvent fouffrir les querelles des gens de Lettres. Ils ont une extrême délicateffe fur l'honneur, & ils nous défendent cette délicateffe. Ils rempliroient l'Univers de leurs cris, fi le trait le plus leger effleuroit publiquement leurs mœurs : & ils ne nous pardonnent pas une plainte fur ces brochures calomnieufes où ils aiment à puifer la fauffe idée qu'ils ont de nous : idée qu'ils ne veulent pas que nous détruifions ; comme fi les hommes qui par leur caractère & l'habitude où ils font d'exercer les facultés de leur ame fentent avec le plus de vivacité, étoient obligés de fouffrir avec le plus de patience, comme fi la défenfe des mœurs des Citoyens n'étoit pas la plus noble prérogative de l'art d'écrire, comme fi la probité la plus pure n'appartenoit pas à la raifon la plus éclairée.

Que l'on condamne l'entreprife,
on

on ne condamnera pas l'exécution. Et au reste, qui çait mieux que
moi-même ce que je me dois?

Je répondrai donc ; fans fiel, je
n'en ai point : fans déclamation,
j'ai la voix trop foible : fans invectives, je fçais les bienféances.

Mais fi par une méchanceté qu'à
peine je crois poffible, des ennemis que je ne connois pas , parce
que je ne les ai pas mérités , don-
noient un mauvais fens aux paroles
les plus mefurées , s'ils exigeoient
que je connivaffe par mon filence
à mon propre deshonneur, je fors
d'un lieu où j'ai fait le fouhait d'un
Empereur Romain : *Utinam nef-
cirem litteras* ! Et je n'héfite pas à
faire celui d'un Philofophe Grec:
Ἀπάγμε εἰς τὰς λατομίας.

Je vais donc me condamner &
vous juger ; non avec la partialité
d'un critique, mais avec la franchife
d'un homme qui a paffé fix mois
avec lui-même. Il n'eft pas queftion
entre-nous de politeffe : il s'agit de
verité

vérité & de fentiment. Peut-être
l'expreſſion ſera-t-elle forte : mais
dans la ſolitude l'ame ſe rôidit : &
qu'importe que l'eſprit ſoit dur,
pourvû que le cœur ſoit bon?

Je repouſſerai les perſonalités
en m'abſtenant des perſonalités.
Je ne m'appeſantirai pas ſur le
fond de la queſtion. Vous ne la
préſentez que maſquée : & quand
vous l'offririez ſous ſes véritables
traits, je ne me bats point contre
des atômes.

Si ma réponſe vous déplaît, vous
n'en ſerez pas digne, ſi elle vous
plaît, je ſerai fâché de l'avoir faite.
Dans le doute je vais la commencer.

I.

Mes notes ſur votre Siecle.

J'avois à me plaindre de vous,
quand je commençai l'examen du
Siécle de Louis XIV. Et vous en
verrés les raiſons dans le Mémoire
que je joins ici, parce qu'en mon

B   abſenabfence on l'a imprimé avec des additions que je defavoue & que je retranche. Un homme plus mûr fe feroit méfié de fon reffentiment; & ce fut en ce moment là même que je pris la plume, *en jeune homme inconfideré*, comme vous le dites très-bien.

Je mélai des railleries fur votre perfonne à des remarques fur vos écrits comme fi l'Auteur & l'homme n'étoient pas des chofes très-différentes.

Je me manquai à moi-même au point de vous traiter avec cette hauteur, qui n'eft pas même permife à la fupériorité.

Peut-être auffi le chagrin m'arracha quelques remarques injuftes; & le Voltaire qui m'avoit nui auprès du Roi de Pruffe me gâta le Voltaire que je lifois.

Je me dégoûtai bien-tôt de ce travail, non que je ne trouvaffe par-tout des fautes; mais je ne me trouvois pas la même humeur. Je

ne

ne pallai donc point le premier volume.

C'en étoit trop fans doute. Je,
devois me dire qu'il étoit fort au-
deffous de moi d'imprimer des
apoltilles fur un Livre, plus aifé à
refaire qu'il ne l'eft d'en compter
les erreurs. Mais à mon âge, on
fait la faute, & enfuite on la voit.

Cependant vous affurez que je
fuis l'Auteur de toutes les remarques : vous prétendez que je fis en
pirate une édition clandeftine de votre
fiecle : & vous affirmez dix lignes
après *que je vendis à Eslinger de Franc-*
fort les Lettres & les Remarques, le
tout pour 15 *ducats*. Vous êtes très-
mal informé. Je donnai les Lettres
& les remarques au Libraire pour
quelques Livres, 150 florins, 50
exemplaires de l'édition, & 40 ra-
mes de papier d'impreffion. Ce
n'eft pas que je croye que ces remarques vaillent 15 ducats : mais
le Libraire crût que votre Livre
feroit meilleur. Quant à la conti-

B ij   nua-

nuation , je n'y ai nulle part. *

Il est donc inutile que je ré-
ponde à toutes vos critiques. Il y
en a quelques-unes qui me regardent : les autres regardent mon
Continuateur. Il y en a où j'ai
peut-être tort , & beaucoup plus
où je ne veux pas me donner la
peine d'avoir raison. Je n'ai fait
que le premier volume de l'édition
de Francfort : & vous n'attaquez
que le second & le troisiéme. De
3 à 400 notes du premier Tome ,
vous n'en combattés que cinq ou
six : De sorte, que de votre aveu
tout le reste est vrai , ou du moins
problêmatique. Mon continuateur
vous a fourni plus de matiere. C'est
à lui à le défendre. Je ne toucherai
donc à cette partie de votre *supplément* que dans les endroits où pour
justi-

---

* *Le Procès-verbal dressé lorsque je fus
arrêté en fait foi. Ce verbal , accompagné
des pieces & des Lettres que je fournis pour
éclaircir la vérité , est mon apologie.*

juſtifier des fautes vous en faites de plus grandes.

II.

Ligue avec M. de Maupertuis.

Vous prétendez que M. de Maupertuis *n'excita* contre vous. Vous citez une de mes Lettres, qui ſemble prouver ce que vous avancez. Vous en concluez que ce fut-là l'origine de votre inimitié contre lui, & de toutes ces gentilleſſes, flétries par la main du bourreau de Berlin, & plus encore par le mépris des honnêtes gens de tous les Païs.

1o. Cette Lettre que vous citez de moi fut écrite un mois après l'Acakia : elle n'a donc pas produit l'Acakia.

2o. Vous ne la citez pas en entier, quoique je vous l'aye fait envoyer en entier : vous la mutilez, & par-là vous en changez le ſens. Vous vous prévalez d'un mal-entendu, créé par vous-même, &

B iij   anéanti

anéanti par la suite de cette Lettre,
que je vous somme de faire imprimer dans toute sa teneur.

3°. M. de Maupertuis ne *m'excita* point contre vous. Et s'il l'a-
voit tenté, il ne l'auroit que tenté.
Je cédai, je l'avoue, à la force du
reſſentiment : j'aurois réſiſté à celle
de ſon éloquence. Je ne le connois guère que par les ſervices qu'il
m'a rendus, & par des ouvrages
que vous admiriés autrefois. Je le
déclare donc. Tout ce que j'ai
écrit contre votre Livre, étoit écrit
avant que j'en parlaſſe à M. de
Maupertuis, qui, loin de m'engager à le publier, ne m'a jamais dit
ni bien ni mal de votre *ſiecle*, qu'il
regarde ſans doute du même œil
qu'un Philoſophe, occupé à médi-
ter des vérités utiles, regarde les
gambades d'un enfant.

Avant que votre Livre parut, il
étoit critiqué. Je l'avois eu un mois
avant les Reines & les Rois. Soit
amour du vrai, ſoit délicateſſe, il
m'a-

m'avoit déplu ; & je vous avoue
qu'il me déplaît encore.

Ne cherchez point ailleurs la
cause de ma critique : & ne l'attribuez point, ici, à ma complaisance
pour M. de Maupertuis, là , à mon
avarice , dans votre première partie, à la jalousie, dans la troisième
à la vanité.

P. S. Je viens de lire une Lettre
à M. Koenig , où vous lui dites ,
*que Maupertuis a suscité contre vous
Jupiter & la Beaumelle.* Ce n'est point
à moi à relever l'indécence de l'as-
sociation de ces deux noms. Mais
M. de Maupertuis n'est point homme à *susciter* , ni la Beaumelle homme à être *suscité.* Et pour Jupiter ,
Jupiter a écrit plusieurs fois qu'il
n'avoit été *suscité* contre M. de
Voltaire que par les fautes de M.
de Voltaire.

III.

Préface du Supplément.

Elle est adressée à M. Roques.
Vous

Vous dédiez à un inconnu un volume d'injures contre son ami. Vous
lui dites en face qu'il vous a écrit
des chofes qu'il ne vous a point
écrites. Attendiez-vous des remercimens ? Voici ce que M. Roques
me marque.

Le 13 Novembre 1753.

„ J'ai écrit à Voltaire que fa
,, dédicace me feroit honneur fi
,, vous y étiez ménagé , & dans le
,, corps de l'ouvrage. Vous vous
,, ferez rappellé que tout ce que je
,, lui écrivis étoit concerté entre
,, vous & moi : ainfi vous n'aurez
,, pas été peu furpris à la lecture de
,, fon épitre il y épargne plus d'une
,, fois la vérité dans ce qu'il *va di-*
,, *fant.* Il m'attribue des chofes que
,, vous avez dites , & d'autres que
,, ni vous ni moi n'avons dites, &
,, qui n'exiftent que dans fon ima-
,, gination. On pourroit le lui prou-
,, ver, fi tout cela en valoit la pei-
,, ne. Mais vous dites très bien ; il
,, faut méprifer tout cela, & ne pas
,, répondre.

Vous dites dans cette préface
que je suis *eleve de Géneve*.

Je suis né à Valleraugue en Languedoc : j'ai été élevé au Collège
de l'Enfance de Jesus à Alais. C'est
autant au Roi qu'à mon Pere que
je suis redevable de mon éduca-
tion. Je ne suis donc point *eleve de
Geneve* : Et quand je le serois !

Vous dites que vous avez été
constamment l'ami de M. Koenig.

L'étiez-vous à Cirey, quand il
étoit miné par vous, étayé par M.
de Maupertuis ? L'étiez-vous,
quand écrivant *à l'Aplatisseur de la
terre,*[*] vous appelliez M. Koenig *un
fou, un enragé ?* Vous seriez un étrange ami !

Vous dites que vous vous faites
gloire d'être de l'avis du célébre &
respectable *Volff*, & que M. de Maupertuis manque à la nation Allemande.

De ce Volff que vous avez toujours

_____

* *Lettre de M. de Voltaire à M. de Maupertuis.*

jours méprisé ? A cette Nation
dont vous avez toujours médit.
Qu'étoit ce *respectable* homme dans
la Lettre cordiale à l'Aplatisseur
de la terre ? *Un bavard Germa-*
nique qui met en trente volumes les ab-
surdités des autres : absurdités que les
Allemands étudient , parce qu'ils sont
Allemands.

Je vous fais grace du reste de
cette préface. Vous vous y livrez à
toute votre haine contre M. de
Maupertuis. Détestez-en plûtôt la
premiere saillie. Pensez à la postérité. Elle dira que vous avez eu
une jalousie de faveur contre un
homme avec qui votre infériorité
ne vous permettoit pas une jalousie
de métier : Elle dira que vous n'a-
vez pû soutenir l'aspect de Maupertuis Président , Restaurateur,
Ministre d'une Académie fondée
par Leibnitz , Ordonnateur d'un
fond annuel de 80000 l. de rente ,
jouissant avec distinction de l'estime & de la confiance d'un grand
Roi

Roi, qui s'inftruifoit avec lui, tandis qu'il s'amufoit de la Mettrie &
de Voltaire. Rapprochez-vous de
lui : il eft plus aifé de le fléchir que
de le bleffer.

Il laiffe un vil zoïle aux fanges du Parnaffe
De fes croaffemens importuner le Ciel,
Agir avec baffeffe, écrire avec audace,
     Et s'abreuver de fiel. VOLT.

Que peuvent les traits d'un Poëte
pénétré de haine contre une réputation dont le Public eft le garant &
le vengeur ? Il eft, dites-vous, *natif*
de St. Malo : en eft-il moins

L'Apôtre de Newton, le rival de fon Maître?

Mais, ajoutez-vous, il s'eft fait peindre en Lapon. Avez-vous oublié ces
vers & fi juftes & fi mauvais que
vous graviez au bas de ce Portrait ?

Ce globe mal connu qu'il a fu mefurer
Devient un monument où fa gloire fe fonde :
Son fort eft de fixer la figure du Monde,
    De lui plaire & de l'éclairer.

Ceffez donc de profaner l'Autel
que vous encenfiez avec tant d'humilité. Avouez, comme je l'avoue
aujourd'hui à l'égard de mon *Errata*
de votre *Siècle*, qu'une paffion auffi

forte, mais plus injuste & plus active
que la mienne vous fit vomir l'*A-*
takia.

J'aurois dû, dites-vous, *vous choi-*
fir plûtôt pour Maître que pour ennemi.
Je ferai votre difciple en fait de
penfées ingénieufement verniffées ;
foyez le mien en fait de procédés
honnêtes. Apprenez-moi à avoir de
l'efprit ; je vous apprendrai à recon-
noitre vos torts. Je vous apprendrai
à ne pas falfifier les Lettres de M. de
Maupertuis, à ne pas voir un affaffi-
nat dans la menace d'un traitement
un peu différent, à ne pas dépofer
au Greffe de Leipfick ce billet,
dont *un homme* eût fait un autre
ufage.

I V.

Des Libelles.

Il ne faut, dites-vous, *que de la*
raifon dans les Ecrits. Il y faut de la
modération, comme dans la fociété.
Il y faut différens tons. Voyez Ciceron : il foudroie Catilina, & refute Chryfippe ; il permet d'être
abfurde, & ne permet pas d'être
mé-

méchant. Avec les ennemis de l'E-
tat , il employe des expreſſions
dures , violentes , parce qu'il faut
ſauver Rome , la ſauver par un
peuple qu'il faut émouvoir , &
qu'on n'émeut qu'en lui diſant
tout. Avec les ennemis de ſes ſen-
timens philoſophiques , il n'employe que des raiſonnemens , ſeu-
les armes de la vérité. Et vous ,
Monſieur , vous n'employez pour
défendre vos chimères que des injures auſſi foibles que vos raiſons.

Je vous cite Ciceron , parce que
ces Allemands de l'autre ſiécle ,
dont vous copiez le ſtile depuis
18 mois , ont cru l'imiter en trai-
tant de Catilina tous leurs adver-
ſaires , à peu près comme vous me
traitez de *Cartouche*, parce que j'ai
trouvé la morale de votre *ſiecle* pi-
toyable , l'hiſtorique inexact , les
détails puériles, le plan mal rempli, l'enſemble médiocre.

Rougiſſez d'être l'Auteur de la
préface de Zaïre , vous à qui il étoit
C   reſervé

reſervé de faire l'apologie des libelles. Vous venez de l'eſſayer dans
cette Lettre imprimée à M. Koenig,
qui ſemble nous promettre une
édition de vos acretés & de vos
rêves. Eh ! ceſſez d'avilir les Lettres. Prouver que les Savans ont
droit de faire des libelles, c'eſt prouver qu'il leur eſt permis d'être mé-
chans : c'eſt vouloir que les *Lettres
humaines deviennent très - inhumaines*,
pour me ſervir d'une de vos épigrammes *. Si votre goût pour les
libelles ſe répand , nous ferons
inondés de ces feuilles polémiques
que les gens de Lettres ne ſe per-
mettroient jamais , s'ils réfléchiſ-
ſoient qu'ils ne ſeront pas jugés par
leurs pairs : que leur juge ſera ce
Public qui aime l'eſprit , parce que
l'eſprit amuſe ; & qui hait les gens
d'eſprit , parce que les gens d'eſprit
humilient. Car ne nous flattons pas :
nous ne ſommes que les jouets de
la frivolité.

---

* *Oeuvres de M. de Voltaire* , *Tome* IV,
p. 8 . *édition de Paris*.

Que nous fommes petits , vous
& moi ! depuis un an , nous difpu-
tons fans pudeur fur quelques fyl-
labes d'un Livre hiftorique. Et
Leibnitz & Neuton difputoient
fans fiel de l'empire du monde pen-
fant. Leibnitz & Neuton ne font
qu'un trait dans le tableau de l'U-
nivérs. Que ferons nous, vous &
moi, dans cette foule d'Ecrivains
polémiques, qui après avoir fervi
de rifée à leurs contemporains,
difparoiffent aux yeux de leurs def-
cendans ?

Vous finiffez votre épitre déli-
catoire par quatre ou cinq injures,
dont la plus douce, comme la plus
élégante , eft que je fuis *un Ecrivain
à faire rire.*

J'y prendrai garde déformais.
Mais en ce moment *riez-vous ?*

V.

PREMIERE PARTIE.

P. 1e* & fuiv. Je n'y trouve rien

_____

* *De l'édition de Leipfik.*

C ij

à reprendre : vous y faites l'éloge
de vos mœurs. Je dirai feulement,
qu'il feroit à fouhaiter que tous les
écrivains en euffent : que celui là
eft malheureux à qui il ne refte
dans fa vieilleffe que le fouvenir
d'une gloire qui paffe , & le regret
de fautes qui demeurent. Je dirai
que de beaux Vers, des images
énergiques, des penfées fublimes
ne confoloient point Rouffeau :
que je déplore avec vous le malheur des Lettres d'être ordinai-
rement cu'tivées ou perfection-
nées par des hommes qui ont tout
leur cœur en efprit. Il en réjaillit
fur le Corps le plus eftimable de la
Nation un mépris très-propre à dé-
courager les fages & à précipiter
les Arts dans la barbarie. On de-
mandoit autrefois , fi les gens de
Lettres n'étoient pas au deffus des
affaires : on demande aujourd'hui
s'ils ne font pas au deffous. Cependant autrefois les hommes d'Etat
étoient plus grands, & les gens de
Le-

Lettres moins éclairés. C'eft à la
différence des mœurs qu'il faut at-
tribuer la différence du problême.
Les hommes de mérite de tous les
ordres de l'Etat vouloient tenir aux
Lettres, ou pour le goût, ou pour
la protection, ou par le travail.
Bien-tôt ce fera prefque un crime
de les cultiver, une imbécilité de
les chérir, une honte de les proté-
ger. Vertus ! talens ! embraffez-
vous.

Pardonnez, Monfieur, ce propos déplacé. Inutiles pour vous, ces
réflexions peuvent ne l'être pas
pour moi. Je reviens.

VI.

Le Siecle de Louis XIV.

P. 7. Vous mettez l'éloge de votre Livre dans la bouche de la Nation Angloife.

Vaine reffource contre les preu-
ves que je vous ai données à la hâte
que votre *fiecle* n'étoit pas bon,
même pour des têtes moins fortes.

Pour remplir votre objet, il falloit
offrir à votre Lecteur le spectacle
de l'Univers depuis 1640. jusqu'en
1720, & non lui préfenter l'épitô-
me du regne de Louis XIV. Il falloit, à l'exemple de Boffuet, fon-
dre la ftatue d'un feul jet, & non
pofer fur une baze irréguliere &
fragile une petite figure à piéces de
rapport. Il falloit, à l'exemple d'un
illuftre moderne, confidérer les ré-
volutions qui font arrivées dans les
mœurs,& dans la politique, & dans
la Religion , en établir la réalité, en
chercher les caufes , en marquer
les momens ; en un mot, *peindre* les
hommes, comme vous l'aviez promis, & non *peindre* quelques hommes, comme vous l'avez fait. Il
falloit, fi vous le pouviez, imiter
Tacite qui n'anonce pas faftueufe-
ment le tableau des Nations, mais
qui fous le titre modefte d'Annales, *peint* l'Univers, & en rapportant les actions des Princes, & en
mêlant à fes récits les jugemens
des

des Peuples. Vous auriez fait un
Livre utile : & vous n'avez fait
qu'un Livre agréable. Vous auriez
éclairé les hommes : & vous n'a-
vez amusé que les femmes & les
gens frivoles. La lecture de Tacite
ne m'a point reconcilié avec vous.
Je l'ai traduit : & dans un an , vous
sçaurez pourquoi.

V I I.

Plagiat.

P. 12. Vous m'accusez de m'ê-
tre *approprié quelques-uns de vos Vers
dans la prose de* Mes Pensées.

Je prie les Libraires qui contre-
feront mon Livre de supprimer les
deux lignes sur Cartouche & sur
Condé , où d'ailleurs la pensée n'est
pas assez développée pour tous les
lecteurs. Bonne ou mauvaise , à
vous ou à moi , différente ou semblable , je ne veux rien de vous.

Mais prétendez - vous que tous
ceux qui écrivent se détachent de
tout ce qu'ils n'ont qu'écrit ? Resti-
tutions

tutions immenſes. Tel Auteur tra-
gique reſtituera trois cens vers à
des Poëtes inconus , deux plans à
deux Poëtes célébres , un dénou-
ment à celui-ci, des ſcènes entieres
à celui-là. Un Proſateur rendra à
des livres pourris des penſées ra-
jeunies & coloriées , à un Sermo-
naire oublié deux chapitres d'un
roman qu'on oublie , à tous ceux
à qui il ouït dire du joli preſque tout ce qu'il a écrit de joli, à
l'Anglois des beautés ſublimes , à
l'Italien des beautés touchantes: &
peut-ètre l'Ecrivain le plus pré-
ſomptueux , dépouillé de tout ce
qui n'eſt pas lui , ſera ſ'il le premier étonné de ſon néant.

Aujourd'hui on a le loiſir d'é-
crire : mais on n'a ni le tems ni la
force de penſer. On ſe borne à
chercher des tours pour cacher le
larcin : & on parvient à le cacher,
grace à l'infidélité des mémoires ,
& à la foibleſſe des diſcernemens.
C'eſt pour cela que nos Illuſtres

nous

nous donnent si peu de mauvais
Livres, & que le siécle en produit
si peu de bons.

VIII.

Mes Ouvrages.

Je vous les abandonne tous. Ce
sacrifice ne me coute pas : dans le
sein de Paris & du goût, puis-je
jetter un œil de regret sur des avor-
tons nés au milieu des Sarmates ?

Mais pourquoi p. 9. me reprochez vous d'avoir *publié les Lettres
de Madame de Maintenon* ?

Le Public m'en a sçu gré.

Vous m'en appellez l'*Editeur*.

N'avez vous jamais voulu l'être?

Vous dites que je les ai *butinées*.

Je n'entends pas ce mot : mais
je vous dis que j'en ai quittance :
& cela est clair.

Vous m'attribuez toute la *Specta-
trice Danoise.*

Je n'en ai fait qu'une partie : &
pour vous consoler de votre méprise,

prife, j'ajouterai que ce n'eft pas la moins mauvaife.

Vous répetez en mille endroits, que vous faites peu de cas du *Qu'en dira-t'on.*

Vous l'eftimiez en 1751. Mais je vous défie d'en faire aujourd'hui auffi peu de cas que moi.

Vous en critiquez quelques morçeaux.

Aux invectives près, je fuis affez de votre avis. Mais pourquoi tant de véhémence contre un Livre que vous méprifez ? Le mépris eft fi froid, & vous l'êtes fi peu !

Vous effayez d'en remplir quelques vuides.

Vous avez très-mal deviné.

Vous voulez qu'il ne s'en foit pas fait fix éditions.

Cependant il s'en eft fait une à Copenhague, une à Berlin, une à Leyde, une à Amfterdam, deux à Francfort, une à Bruxelles, une à Trévoux, fans compter une traduction Allemande & une traduction

tion Angloife. Il eſt vrai que cela
ne fait pas ſix. Mais y en eût-il mille, je n'en croirois pas mon Livre
meilleur. Vous inſinuez qu'il eſt
méchant. Qu'il vous ſuffiſe que je
l'avoue mauvais. Et permettez moi
d'être auſſi content de mes ſenti-
mens que je le ſuis peu de *mes*
penſées.

Vous dites que de Ville en Ville,
de province en province, je faiſois
une nouvelle édition de mon Livre en y ajoutant la ſatyre du Païs
que je venois de quitter, & au premier feuillet le mot de *cinquieme,*
ſixieme édition.

Je n'ai fait que deux éditions de
mon Livre, l'une à Copenhague,
l'autre à Francfort. Rien n'eſt plus
faux que ce que vous m'imputez;
& juſqu'à ce que vous l'ayez prouvé, cela reſſemblera fort à une calomnie.

Vous dites, qu'au ſortir de Saxe
je mis dans Mes Penſées *des choſes ſur*
la Saxe que vous ne pouvez lire ſans
frémir.

Je n'ai jamais été en Saxe. Et dans aucune édition de mon Livre, il n'y a un mot fur la Saxe. Qui croiroit que vous citez des phrafes de mon Livre, qui n'y font point, qui n'y ont jamais été ?

Vous dites qu'au *fortir de Suiffe*, *j'ai écrit contre la Suiffe.*

Il y a huit ans que je n'ai été en Suiffe : & ce que j'ai dit de Berne, où je n'ai amais mis les pieds, a l'approbation de tous les Sujets de Berne. Mais quand j'aurois écrit, contre la Suiffe, quel rôle que le rôle de délateur !

Vous dites que j'ai médit de la Nation Angloife.

Vous fçavez qu'il n'eft qu'un homme en France qui en ait dit autant de bien que moi.

Vous dites que je *gâte tout ce que je touche.*

Et moi je vous dis que vous embelliffez tout ce que vous *touchez* : aufli *touchez* vous fans ceffe.

Vous infinuez que la vie de Madame

dame de Maintenon eſt foiblement
écrite.

Vous ſavez bien qu'on fait quelquefois imprimer ſes brouillons.

Vous dites que je fais des Vers.

Je n'en eſſaïai jamais de ſatyri-
ques. Je n'en ai jamais fait d'auſſi
bons ni d'auſſi mauvais que vous.
Comment trouvez-vous ceux ci ?
Ils ſont tirés de cette épître contre
Dieu, ſi inepte & ſi proſaïque qu'il
ſemble que ce Dieu que vous ou-
tragez vous ait ôté tous vos talens.

On prétend que de dieu les rois ſont les ima-
                                              ges.
  Les Anglois penſent autrement.
  Et vous ſoutiendront hardiment
Qu'un Roi n'eſt pas plus Dieu qu'un Pape
eſt infaillible,
  Il eſt pourtant aſſez plauſible
  Qu'ainſi que dans le Vatican . . . .

Vous m'avertiſſez de quelques
expreſſions trop fortes ſur les Maî-
tres du monde.

Avis inutile. Et quand j'en aurois
beſoin, il y a au Faubourg Saint-

Antoine des murailles plus élo-
quentes que vous.

IX.
Le fou du Roi Jacques.

P. 13 & 14. *La Beaumelle parle
de moi avec la même modestie que s'il
avoit un Roi d'Angleterre à faire.*

Le trait est bon : j'en aurois ri,
même en ce lieu où l'on ne rit point.
„ Le fou du Roi Jacques s'étant
„ un jour assis sur le trône, on lui
„ demanda : que fais-tu là, maraut ?
„ Il répondit : *je regne.* L'Auteur de
„ *mes Pensées* fait plus : il fait régner.

Celui-ci n'est point mal, quoique pris du *Roi de Cocagne.* A mon
attention à réunir ces deux traits,
vous voyez, Monsieur, que je ne
demande pas mieux qu'à vous
louer. Si tout étoit écrit de ce ton
là, vous auriez agréablement pé-
ché contre les régles du libelle.

X.
Mes remarques.

P. 15. Vous assurez que je n'ai
relè-

relevé aucune de vos fautes.

Je n'en ferai point ici l'énumération : j'écris une Lettre & non un in-folio. Mais dans *l'introduction* feule, qui n'eſt que de quelques pages, j'en ai *relevé* quinze, & dans tout le reſte à proportion.

Je n'ai *relevé* aucune de vos fautes ! Pourquoi avez vous donc ſi ſouvent profité de mes remarques dans votre nouvelle édition, où vous annoncés des augmentations que vous n'y avez pas miſes, & où vous avez mis des corrections que vous n'annoncés pas ? Pourquoi ne répondez-vous qu'à quelques-unes de mes notes critiques ? Pourquoi y répondez vous en homme piqué de ſes erreurs ?

Je n'ai *relevé* aucune de vos fautes ! j'en ai, ſans Livres, ſans ſecours, en quelques après-midi, relevé 340. dans les deux tiers du premier volume. Que ſeroit-ce ſi j'avois continué ? Ne vous plaignez point de ma ſévérité. Rendez

D ij   dez

dez grace à mon indulgence. Que
ne pourrois-je pas dire aujourd'hui
de votre filence fur Defcartes qui
fit une révolution bien digne d'entrer dans votre tableau ? De ce
morceau fi embarraffé fur la pré-
féance des couronnes ? De la réflexion cruelle dont vous vous fer-
vez pour excufer les ravages du
Palatinat ? De la fauffeté du prin-
cipe que vous imaginez pour rendre raifon des guerres de religion?
De l'article du Quiétifme , où il y
a prefque autant de méprifes que
de mots ? Du chapitre du gouvernement intérieur, où les objets
les plus intéreffans pour des Citoyens font paffés fous filence ? De
cette attention à raffembler des
anecdotes minutieufes , & à omet-
tre les faits effentiels ? De l'inexa-
ditude avec laquelle ces anecdotes même font écrites ? Des omif-
fions affectées , de l'ignorance &
de la partialité qui faliffent à l'envi
cette lifte d'Ecrivains que *vous avez*
tous

tous PARCOURUS *pour en* BIEN *saisir l'esprit.* *

XI.

Manuscrit.

P. 16. Vous conjecturez *qu'on ne me confiera pas de manuscrit.* J'en ai pourtant un assez précieux , & qui m'a été *confié.* Vous serez convaincû par ma discrétion durant votre vie, que , loin qu'il soit dangereux de m'en confier , il ne l'est pas même de m'en vendre.

XII.

La succession d'Espagne.

P. 18. *De tous les Historiens je suis le premier qui ait sçu & dit la verité.* En ce moment , vous n'étiez pas Historien. Car que nous avez vous appris de nouveau touchant la succession d'Espagne ? Vingt Allemands, autant d'Anglois l'ont mieux déve-

* *Supplément au siécle de Louis XIV.*

D iij

dévelopée que vous, vous n'avez
donc lû que Larrey, Limiers, Re-
boulet ? Lifez le Comte d'Harrach,
& les Mémoires de la Torre. Et
avant d'écrire vos propres louanges, reffouvenez vous, s'il vous
plaît, que vous avez très-peu de
littérature étrangère ; & après que
vous vous en ferez fouvenu, ne
déprimés point la littérature étrangère.

XIII.

Négligences d'un Hiftorien.

P. 18. *Il importe peu qu'un hiftorien faffe des fautes legères.*

Toujours des loix relatives à
vous-même ! vous auriez grand tort
de vous contempler dans celle-là.
Sans entrer dans des difcuffions en-
nuyeufes, fçachés que l'inexacti-
tude dans les petits faits rend la fi-
délité de l'Hiftorien fufpecte fur les
grands.

Un fait vrai, dites-vous, *vaut
mieux que cent antithèfes.* Que n'avez
vous

vous toujours eu devant les yeux
cette maxime ? vous ne nous auriez pas donné cent antithèses pour
une vérité. Faire des anachronif-
mes pour amener des épigrammes,
confondre les faits pour étonner
par des contraftes, créer des événemens pour appuyer des fingula-
rités , c'eft ce que vous avez ofé
mille fois. Vous avés traité l'hiftoire
en defpote; & ce qu'il y a de fin-
gulier , c'eft que dans le même-
tems que vous preniés dans des
annales la liberté d'un Poëte , vous
écriviez des poëmes avec la fi-
délité d'un Annalifte. Ce befoin
que vous avés de la fiction pour fur-
prendre & pour plaire , ne prouve
ni la jufteffe ni l'étendue de l'efprit , & en prouve mal la fécondité. Lorfque Milord Saint-Jean *
vous dît au fujet d'un fait tronqué
& embelli de l'Hift. de Charles XII.
,,Con-

* Pere du Vicomte de Bolincbrocke.

,, Convenez que les chofes ne fe
,, pafferent pas ainfi, *vous lui répon-*
,, *dites* : & vous Milord, convenés
,, que cela eft bien mieux comme
,, je le rapporte. ,, Milord fourit,
vous regarda beaucoup, & ne répliqua rien.

XIV.

Le Roi d'Angleterre Jacques II.

P. 19. Vous parlés des motifs
qu'eut Louis XIV. de reconnoître
pour Roi le Prince de Galles.

Attendés *les Mémoires pour fervir
à l'hiftoire de Madame de Maintenon
& à celle de fon Tems.* Vous trouverés
dans le troifiéme volume des détails, fondés fur des piéces origina-
les, & qui vous inftruiront : vous
y verrés que la Cour de Verfailles
ne balança pas un moment : vous
y verrés que le Roi d'Angleterre
n'étoit pas encore mort, que le
Prince de Galles étoit reconnu. La
Reine, malade à Chaillot, ne fit
aucune démarche pour fon Fils :
j'en

j'en ai la preuve dans des Lettres
mêmes de cette Princeſſe que je
poſſede en original. Après cela,
que penſer du conte que vous dé-
bités là-deſſus avec intrépidité ? Si
vous aviés ſeulement conſulté les
Mémoires de M. de Dangeau, que
j'ai actuellement ſous les yeux, &
dont on m'a *confié* une partie, vous
auriés vû que cet éclairciſſement
que vous offrés au Public, eſt fort
éloigné de la vérité.

X V.

Hiſtoire univerſelle.

Je vous ſuis pas à pas, afin que
vous ne vous plaigniés point que
j'aie décliné le combat. Vous n'a-
vés pas obſervé cette loi à mon
égard ; mais vos fautes ne juſtifie-
roient pas les miennes. En ſuivant
un autre ordre, ma Lettre ſeroit
plus liée : elle n'aura point de join-
tures : mais aura-t'elle moins de
force ?

P. 22. Vous apprenés au Public,
qu'on

q' on vous a volé une Histoire univer-
selle depuis Charlemagne , & que si je
sçais où elle est vous m'en donnerez plus
de 15 ducats.

Je vous apprends gratis, que je
l'ai vûe reliée en parchemin, in-4°.
entre les mains de Madame la Du-
chesse de Saxe-Gotha, à qui vous
l'aviez envoïée, me disoit-on à cette
Cour, dans l'espérance d'une ta-
batiere de 50 ducats. A quelle re-
plique me réduisez-vous ? Ne dé-
gradons point les Lettres : c'est à
nous à les annoblir.

On me dit en ce moment, que
vous imprimés à Colmar *l'histoire*
de l'esprit humain. Allons, Monsieur,
un noble effort : point d'acreté,
nulle flatterie, du vrai, du vrai
seul : point d'entousiasme : du sang
froid : & je serai le premier à vous
applaudir.

Mais voilà un de vos ouvrages
qu'on m'apporte : c'est un *abregé de*
l'Histoire universelle. Ce sera sans
doute

doute ce que vous appellés l'*hiſtoire de l'eſprit humain*. Voyons.

Je viens de lire le premier vo-lume : & aſſurément je ne lirai pas le ſecond. Eſt - ce là ce morceau *volé* dont vous auriés donné plus de 15 *ducats* ? Pour un homme en-tendu , vous auriés fait un bien mauvais marché !

P. S. On me dit que vous dé-favoués cet ouvrage. Eh ! en avez vous fait que vous n'ayés déſavoué? C'eſt votre maniere de les recon-noître. On ajoute , que vous criés qu'il a été imprimé ſur une mau-vaiſe copie : Et ne voyez vous pas qu'on ne vous impute ni les fautes du Copiſte , ni celles de l'Impri-meur ? On ne ſe mocque que de la confuſion, des bévûes, du plan de cette rapſodie ; en vérité, on eſt mal dédommagé d'un ſi long ennui par ſix traits brillans : car il n'y en a pas davantage. Vous pou-vez m'en croire : je les ai comptés.

XVJ

XVI.

L'homme au masque de fer.

Vous dites hardiment : *aucun Historien n'en a parlé.* On vous répond avec modestie : *les Mémoires de Perse en ont parlé* : vous repliqués fongueusement , *que les Mémoires de Perse sont aussi obscurs & aussi méprisables que le Qu'en dira-t'on* : comme si l'obscurité prouvoit le silence.

Vous ajoutez que *votre siécle étoit fait en partie long-tems avant les Mémoires de Perse* : comme s'il étoit moins vrai que les Mémoires de Perse en ont parlé avant le *Siécle.* Vous m'apprenez que ces Mémeires, que vous ne connoissez pas, *ont paru en* 1745. Et ce Livre si *obscur* vous tombe justement entre les mains. Vous y trouvés des particularités *étonnantes* sur le Masque de fer. Vous en convenés avec candeur : mais le croirez-vous vous même ? Vous persistés en même-
tems

tems à dire que vous êtes le seul &
le premier qui en ayiés parlé. Cités
nous un exemple d'une contradic-
tion de cette espéce. Faites mieux ;
quittés le masque de fer, & rou-
gillés.

XVII.

Réponse à un sophisme.

„ On annoblira l'humiliation où
„ l'on descend de parler d'un tel
„ critique. On se lavera de l'oppro-
„ bre de lui adresser la parole, *p 36.*

Dois-je répondre à cette insulte ?
Oui, pour les esprits foibles, &
pour vous.

Il est mille gens, que de pareils
discours déterminent dans leurs dé-
cisions. Ils ne peuvent pas exami-
ner ; ils ne font capables que d'ê-
tre frappés : & pour les réveiller il
faut les frapper vivement. Ils ju-
gent d'après l'impression du mot
ou du son qui a affecté leurs yeux,
ou leurs oreilles. Qu'ils réfléchis-
sent combien ce jugement est in-

E   juste

jufte. L'homme le plus vertueux,
le plus refpectable pourroit donc
être flétri gratuitement par la plume ou le ton d'un fcélérat qui auroit trouvé un tour de phrafe mé-
prifant. La réputation d'un homme dépendroit des infolences arti-
ficieufes d'un autre homme. Voilà
pour les efprits foibles. Voici pour
vous.

,, On annoblira l'humiliation de
,, parler d'un tel critique, *p.* 19.
,, Je demande pardon à M. le Pré-
,, fident Henault de mêler fon nom
,, au nom d'un homme tel que
,, vous, *p.* 38. On eft malheureu-
,, fement obligé de revenir à un
,, objet bien dégoûtant pour le
,, Public, à la Beaumelle, *p.* 55.
Qu'eft-ce que tout cela ? Des injures groffieres, des mots vuides
fens : oui, vuides de fens. Car que
peut-on me reprocher ? De légeres
imprudences à un âge où les loix
les préfument, puifqu'elles ne laif-
fent pas aux hommes toute leur
                                    liber-

liberté ; quelques hardieffes dans
des écrits peu réfléchis ; un abus
de la façon de penfer indépen-
dante, permife dans les Païs étran-
gers où j'ai vécu, & où l'efprit n'a
peut - être pas affez de chaînes,
comme peut-être il en a trop ailleurs. Peut-on m'objecter de ces
traits contraires à l'honneur, à la
probité, de ces traits qui font que
les gens fcrupuleux répugnent à
parler d'un homme. Mon nom peut
hardiment paroître à côté d'un
nom refpectable : il eft fans gloire,
mais du moins il eft fans tache ; &
j'ai à vivre. Il n'eft point humiliant
de parler de moi : & qui en parle,
n'a nulle expiation à faire. Mais
fuffai-je un monftre, votre délicateffe feroit encore mal placée :
je fuis tous les jours témoin, que
des hommes fans foi, fans principes, fans mœurs, couverts d'op-
probres depuis trente ans, font le
fujet de la converfation des plus
honnêtes gens.

E ij   XVIII.

XVIII.

Reproche singulier.

C'est à peu près avec la même logique, ou pour mieux dire, le même aveuglement, que vous me reprochez ma jeunesse. *Apprenez, jeune homme*, me dites-vous.

Et vous, *vieillard! apprenez*, que la jeunesse n'est ni un crime, ni un défaut, ni ridicule. Apprenez combien il est imprudent d'irriter par des insultes, d'aguerrir par des attaques *un jeune homme* qui n'a pas toutes ses forces, & à qui les combats peuvent les donner. Apprenez.... Mais non! je ne veux pas me servir de tous mes avantages. Il faut donner quelque chose à l'opinion publique. D'ailleurs, je ne suis qu'un simple météore, & vous êtes un astre: Il est vrai que vous avez passé votre méridien, & que le tems est bien couvert.

XIX.

Tête-à-tête avec M. le C. de Fleury.

Le détail que vous nous en donnez

nez n'est pas fort adroit : on y voudroit du vraisemblable. Voltaire
parle comme le Ministre : & le Ministre comme Voltaire. *Le Cardinal*
convint , que la constitution d'Angleterre étoit admirable : & il vous
semble à vous , qu'il est beau à un Car-
dinal , à un premier Ministre de France
d'avoir fait cet aveu : comme s'il
étoit fort rare, qu'un Cardinal ,
qu'un premier Ministre eût du sens.
Voulez vous par là plaire aux Anglois ? Rien ne leur est plus indif-
férent que le jugement d'une *Emi-*
nence sur leur constitution : & s'ils
pouvoient croire qu'un pareil aveu
honore parmi nous la mémoire du
Cardinal, ils s'écrieroient, O *Athé-*
niens ! vous n'êtes encore que des en-
fans.

Il ajouta que c'étoit une machine ai-
sée à déranger.

Il n'y a donc plus rien à admi-
rer ! Or comment une pareille in-
conséquence dans la bouche d'un
sage , qui venoit de vous faire le
E iij   glo-

glorieux aveu que la *constitution d'An-*
gleterre étoit admirable.

La *Beaumelle*, ajoutez vous par
réflexion, *pourra avancer que cela*
n'est pas vrai.

Mais non ! je connois la Beaumelle ; il ne parle pas si crûment.
Et moi, dites-vous, *je le rapporte*
parce que cela est vrai.

Et lui, il en doute par respect
pour M. le Cardinal.

Mais pour un instant, que votre
mémoire soit fidéle, que prouveroit ce récit ? Il prouveroit, qu'en
je ne sçai quelle année, il y auroit
eû à Issy entre le principal Ministre
& le principal Poëte de France une
conversation, où je ne sçais comment il n'y auroit eu des inconsé-
quences & des contradictions. Et
cela n'est pas *si digne de la postérité,*
que vous le pensez. Il prouveroit
encore que le critique avoit droit
de vous avertir d'une facilité à
vous laisser éblouir par la grandeur. Si la pourpre ne vous eut
im-

impofé, euffiez vous tenu regî-
tre de ces miféres ? Si le fouve-
n'r ne vous en impofoit encore,
les configneriez vous avec tant de
jactance aux races futures ?

Du refte, j'approuve très - fort
votre attention à refuter le reproche d'avoir un penchant à adorer
la grandeur. Vous fçavez ce que
prouve ce penchant.

X X.

Hiftoire de Louis XV.

P. 29. *J'ai laiffé à mon Roi & à
ma Patrie une hiftoire de Louis XV.
Monument qui ne doit paroître qu'après
ma mort.*

Monument ! mais les monumen
reftent. Et vous penfez que cette
hiftoire, où vous amenez fi à propos la mort du Marquis de * *. &
les vertus de Madame fa Mere, at-
tendra votre mort pour mourir !
J'en ai vû des morçeaux : fruits de
l'arriere-faifon ! Croyez-moi, brû-
lez tout cela.

Je

Je ne dis rien du *sacrifice* que vous vous vantez d'avoir fait de la place d'Hiſtoriographe de France. Qui ne ſçait que vous l'avez ſacrifiée à 24 mille livres de penſion? Qui ne ſçait que vous n'avez ſacrifié que la gloire , & que vous avez conſervé les appointemens? Grace que vous devez à un homme très-capable & plus digne que vous de peindre Louis. Tacite après avoir écrit la vie de Tibere, écrivit celle de Titus.

XXI.

Injures.

P. 30 & ailleurs, vous parlez de moi avec un mépris qu'il eſt impoſſible que vous ayez. Vous m'appellez *le dernier des écrivains.*

Que ne mettez-vous à corriger votre *ſiécle* le tems que vous avez mis à me dire des injures. Celle-ci vous plaît ſinguliérement : vous la répétez , vous renchériſſez. Vous dites au Public & à M. Koenig, que

que je suis le *plus vil des écrivains*.
Je me doutois bien que je n'ai pas
toujours été le plus mûr & le plus
prudent. Mais le Public & M.
Koenig sçavent bien que le plus
vil des écrivains seroit le plus malhonnête homme, si par hazard le
plus malhonnête homme étoit un
écrivain.

XXII.

Leçons pécuniaires.

P. 30. *Tâchez*, me dites - vous,
d'être dans le cas de profiter de mes le-
çons pécuniaires : elles sont bien courtes.
Par quelle fatalité l'esprit vous
abandonne-t'il, toutes les fois que
vous parlez d'argent? Je conviens
que vous pouvez m'offrir en cette
matiere & des leçons & des exem-
ples. Mais du moins j'aurai la liberté du choix.

XXIII.

Evêques.

Apprenez que tous les Evêques de
1682.

1682. *ne s'intituloient pas par per-
miſſion du S. Siege.*

J'avois parlé de l'uſage général :
& vous me renvóyez à l'exception
unique de 1682.

XXIV.
Vittorio Siri.

Apprenez que, Vittorio Siri, &c.
Vittorio Siri eſt un des plus in-
fidéles écrivains d'anecdotes. Vous
attaquez le jugement de tous les
Savans. Un homme judicieux ne
le lit qu'avec méfiance, & ne le
cite qu'en tremblant. Méfiez-vous,
Monſieur, de ce goût pour les ré-
putations délabrées, & de cette
averſion pour tous les eſprits qui
ſont debout.

XXV.
Le Cardinal Mazarin.

*Apprenez que le Cardinal Mazarin
n'a jamais paſſé pour mal-adroit.*

Il ne s'agit pas de ſçavoir s'il a
paſſé pour tel, mais s'il ne l'a jamais

mais-été. Voyez tous les Mémoires
de la minorité.

XXVI.

L'esprit de M. de Voltaire.

Je n'ai pas ose avoir un avis, &
la Beaumelle ose juger !

Si dans les quinze ou seize volumes des œuvres qui portent votre nom, vous trouvez un seul endroit, où vous n'ayez pas *ose avoir*
un avis, je consens de perdre & le
droit & la faculté *de juger.* Relisez
vous. Toujours un *avis*: & heureusement presque toujours *l'avis*
d'un autre.

XXVII.

Vers du Duc de la Rochefoucault.

P. 31. ,, Apprenez que vous gâ-
,, tez les Vers de la Rochefoucault.
Quand cela seroit? Mais pour
un Précepteur, vous êtes d'une
négligence bien étrange; car je ne
veux point accuser votre bonne-
foi! Ouvrez les Mémoires du Duc
de

de la Rochefoucault, vous trouverez les deux Vers, tels que je
les ai cités.

XXVIII.

Les petits-Maîtres.

P. 33. „ Apprenez que les fa-
„ voris d'Henri III. étoient appel-
„ lés les Mignons, & non pas les
„ petits-Maîtres.

Qui vous le conteste ? On vous
a seulement dit que le mignon fut
le germe du petit-Maître. On sçait
jusqu'où les mignons d'Henri III.
portérent l'abus de la faveur, &
du pouvoir. Sous la minorité de
Louis XIV. Condé, vainqueur à
Rocroy, à Nortlingue, tout puis-
fant à Paris, alloit à la Cour, bra-
voit la Régente, insultoit Mazarin,
faisoit le *maître*. Une jeunesse vive
& étourdie qui s'étoit attachée à
lui, & qui avoit vaincu avec lui,
copioit ses hauteurs, se mocquoit
des Sous-Ministres, & faisoit trem-
bler l'antichambre. On appella ce
Par.

Parti & ces jeunes gens les *petits-Maîtres*, dans le même sens qu'on eût dit les *petits Tyrans*. Et voilà l'origine de ce nom, que vous avez si mal défini, & qui en passant de la Cour à la Ville a si fort dégéneré.

XXIX.

Chose incroyable.

„Apprenez que ce n'est que de-
„puis 1741. que la Chancellerie
„Impériale traite les Rois de Prusse
„de Majesté.

Qui croiroit que c'est moi, qui vous l'ai appris ? Voyez mes Remarques sur le chap. 6e. du *siecle*.

XXX.

Préséance.

„Apprenez que Louis XIV. ob-
„tint un désaveu formel de l'ac-
„tion de l'Ambassadeur Watteville.
: Eh ! ne changez pas éternellement l'état de la question : il s'agissoit uniquement de sçavoir, si l'Espagne avoit cédé la préséance :

F.

J'ai dit qu'elle promit folemnelle-
ment de ne la pas difputer. Cela
n'eft il pas vrai ?

XXXI.

M. de Larrey.

„ Apprenez que M. de Larrey
„ étoit Confeiller Aulique du Roi
„ de Pruffe.

Vous battrez-vous toujours ar-
mé de colifichets *? A Vienne il y
a des Confeillers *Auliques.*, comme à Vienne il y a un Confeil *Aulique.* A Berlin, il n'y a ni l'un ni
l'autre, fi ce n'eft dans le frontif-
pice de votre *fiecle.* M. de Larrey
étoit Gentilhomme ordinaire du
premier Roi de Pruffe. Voyez le titre de fon Hiftoire.

XXXII.

Les Gentilshommes Hiftoriens.

„ Apprenez que Larrey n'étoit
„ pas Gentilhomme de Louis XIV.
„ comme vous le dites,

Où

---

* *Propugnas nugis armatus ?* Hor.

Où l'ai je dit ? Pourquoi me créez
vous des fautes ? J'ai insinué , que
le génie de l'histoire sembloit avoir
jetté un charme d'impuissance ou
de ridicule sur les Gentilshommes des Rois qui avoient entrepris
d'écrire la vie des Rois. Et j'ai cité
M. Racine , M. de Larrey , M. de
Voltaire , & de ce qu'ils ont tous
trois essayé l'histoire de Louis XIV.
vous en concluez que *j'ai dit* , que
M. Racine , M. de Larrey , M. de
Voltaire étoient Gentilshommes de
Louis XIV. Votre erreur est pal-
pable. Eh bien ! dites vous , que
toutes les fois que vous essayez de
raisonner , vos conclusions sont à
peu près de la même justesse.

Oui , Monsieur , depuis que je lis
pour m'instruire , je ne vous lis
point sans être révolté de votre habitude à penser des inconséquen-
ces , de votre hardiesse à les écrire ,
de votre complaisance à les répéter , de votre mal adresse à les as-
sortir. Vos ouvrages sont d'un tel
bel

bel efprit : vos ennemis même l'a-
vouent : mais ils font pleins de
traits de petit efprit : vos amis même en conviennent : de forte, que
je ne fuis plus fi révolté contre ce
problême, qui peut-être n'en feroit pas un à Londres : *La fomme de
bel efprit eft elle égale dans Voltaire à
la fomme de petit efprit ?*

XXXIII.

Second déluge d'injures.

P. 33 vous ne me gâtez point
dans cette page-là. J'y fuis ,, un in-
,, folent, un barbouilleur de pa-
,, pier , un criminel duquel il faut
,, détourner les yeux ; *& ailleurs*
,, un frénétique , un fou furieux,
,, un fcélérat abfurde , un monftre,
,, un homme digne d'être affocié à
,, Cartouche.

Eft-ce vous qui parlez ? Eft-ce
à moi que vous parlez ? Je vous
remets avec peine fous les yeux
des expreffions dont vous rougif-
fez fans doute aujourd'hui que

la

la rage a fait place au sang froid.
Eh ! ce misérable Livre du Siécle,
avaloit-il là peine que vous ne fissiez
depuis un an que de l'écume ?

XXXIV.

Le mot ABSOLU.

Vous me faites là-dessus une chicane, dans laquelle je n'ai pas le
loisir de vous suivre. Je renvoie à
un autre tems à vous prouver que
vous abusés des termes ; que vous
tombés dans des contradictions ;
que sous prétexte de défendre la
Monarchie, vous répandez à grands
flots le poison de la doctrine de
Hobbes ; doctrine destructive de
toute autorité. Vous verrez alors
lequel est criminel de votre senti-
ment ou du mien. Je serois fâché
qu'un disciple de Hobbes fût puni :
mais il seroit bien fâcheux que la
doctrine ne fût pas punissable.
Vous ajoutez qu'en vous rap-
pellant aux maximes de l'autorité

F iij   légi-

légitime , *joutrage Louis XIV &*
Louis XV.

Intolérant que vous êtes ! vous
mêlez par-tout les Rois & les
Dieux. Apprenez de moi qu'on
n'outrage point ce qu'on respecte
& ce qu'on aime. Apprenez combien il est lâche (je cherche en
vain un autre terme) de donner le
sens le plus coupable aux paroles
les plus innocentes. Apprenez qu'il
est inouï que le même homme ait
sans cesse réclamé la liberté de la
presse, & sans cesse ait tâché de la
ravir à ses Confreres.

XXXV.

Le mot DESPOTIQUE.

J'observai que vous employez
ce terme mal-à-propos. Vous me
répondez que *vous ne sçavez pas*
pourquoi il a changé de signification.
Ouvrez vos Racines Grecques, &
vous verrez que l'usage n'a fait que
que ramener ce mot à sa premiere
énergie.

Si

Si vous connoissiez les droits du
Gouvernement Seigneurial, vous
ne demanderiez pas avec ce faux
ton de l'ignorance la plus vraie :
,, Pourquoi un mot qui dans son
,, origine signifioit le pouvoir d'un
,, Valaque de Transilvanie, signifie
,, aujourd'hui un pouvoir absolu,
,, & même tyrannique. Il étoit
plus court de vous conformer à
l'usage dont vous convenez. Le
chagrin d'une petite faute de Gram-
maire ne vous auroit pas dicté deux
pages pleines de fautes de raison-
nement.

,, On s'étoit contenté, *dites-vous*,
,, de reconnoître deux espéces de
,, Gouvernement. On est parvenu
,, à imaginer une troisiéme forme
,, d'administration naturelle, à la-
,, quelle on a donné le nom d'Etat
,, despotique.

Voilà l'exorde d'une petite ex-
cursion politique que vous m'of-
frez, à moi qui vous ai si souvent
dit que vous sçavez peindre, & si

sou-

souvent prouvé que vous ne sçavez pas réfléchir. Croyez-vous me
tendre un piége, en m'engageant
à m'expliquer sur ces matieres?
Voulez-vous me persuader que
Paris est Constantinople? & que le
Sujet libre d'un Monarque chéri
ne peut sans crime s'écarter du lan-
gage de l'esclave tremblant d'un
Sultan redouté? Eh! mes malheurs mêmes m'ont appris qu'il
est une différence infinie entre des
Princes, dont le nom même a du
pouvoir, & des Princes presque
aussi-tôt égorgés que conçus, entre un Ministre surpris & un Visir
furieux, entre un Magistrat dépo-
sitaire des ordres & un féroce Aga
de Janissaires, entre un Comman-
dant fidéle & un barbare Kyaïa.
En Turquie, on doit toujours
pâlir, craindre tout, se taire, &
craindre encore: en France on ne
doit craindre que soi-même & la
calomnie. Ici, il est défendu d'être
impie, scandaleux, ou séditieux:
là

là il n'est pas même permis d'être homme.

Je pourrois donc venger nos loix & nos mœurs, que vous comparez à celles de Turquie. Mais que sert de vous prouver que vous avez tort ? n'êtes vous pas fait à ces sortes de démonstrations ? Il y a là dessus un assez bon Livre, qu'apparemment vous avez *parcouru* comme les Ecrivains de France *. Lisez-le : & quand vous l'aurez lû, relisez-le , & quand vous l'aurez relu , relisez-le encore : vous y apprendrez à penser , & , dût en frémir le reste de votre cabale , à écrire.

XXXVI.

Brousson.

P. 35. „ Apprenez qu'il est faux „ que tous les Catholiques de Lan- „ guedoc avouent que Brousson „ ne

---

* *Supplément au Siècle de Louis XIV.*

,, ne fut roué, que parce qu'il étoit
,, hérétique.

1º. On vous parloit des tems
modernes, où la prévention avoit
disparu, & où les cris de Parti n'é-
touffoient plus les gémissemens de
la vérité. 2º. L'Abbé Brueys, votre garant, avoit tout le zéle d'un
prosélite, & tous les défauts de ce
zéle. Il avoit commencé à croire
à la Religion Catholique dans un
âge où il est bien tard pour commencer. 3º. Son Histoire du fana-
tisme des Cevennes, dont vous
connoissez mal le titre, est mépri-
sée des Curés même de Village.
Brueys étoit comme un Histo-
riographe, payé pour ne pas
écrire la vérité. 4º. Si vous aviez
lû la vie, les écrits, les Lettres au
Roi, les dernieres heures de l'in-
fortuné Brousson, vous auriez res-
pecté sa mémoire. Un mensonge,
l'eût fait échaper au Détachement
qui le cherchoit ; & il ne voulut
point racheter sa vie par un mensonge.

fonge. C'étoit donc un fanatique,
direz vous. Ce n'est pas à moi à
vous répondre : mais Brousson fit
ce que S. Augustin disoit qu'il falloit faire, & ce que S. Pierre ne fit
pas. Un homme si vrai pouvoit-il
entrer dans ces complots tissus par
le mensonge & par le crime ?

On usa avec lui d'une rigueur extrême.
Ce fut une cruauté plûtôt qu'une injustice.

Réflexion injuste & cruelle.
Toute *cruauté* est *injustice* : & si elle
ne l'étoit pas, j'aimerois encore
mieux une *injustice* qu'une *cruauté*.
Mais dans le supplice de Brousson,
l'une & l'autre se réunirent : *Ces*
intelligences, dites vous, étoient peu
de chose : mais telle étoit la loi. Vous
vous trompez ; la loi n'étoit pas
telle les Edits ne portent que peine
de mort contre les Predicans. *La*
loi étoit dure, continuez vous, mais
il n'y eut rien d'arbitraire dans le juge-
ment. Condamner un homme à
être rompu vif *pour peu de chose* !
M. de Bâville sentit toute l'atrocité
des

des ordres du Miniſtre. Il différa
l'exécution d'un mois. Nouveaux
ordres de la Cour très précis. M.
de Bâville en adoucit la rigueur :
Brouſſon fut étranglé. Et la cruauté
ne ſe joua que de ſon cadavre & de
la pitié. Voilà un fait que vous ne
ſçaviez pas : En voici un autre. Que
je me dédommage de l'ennui de
vous répondre par le plaiſir de vous
inſtruire.

La mort de Brouſſon produiſit
les Camiſards & les convulſions.
Brouſſon, homme éclairé, s'étoit
apperçu que les Lettres Paſtorales
& prophétiques de Jurieu faiſoient
de fortes impreſſions ſur l'eſprit
bouillant de ces montagnards, dont
le cerveau étoit affoibli, l'ame roi-
die par la perſécution. Il s'oppo-
ſoit aux progrès du mal, & donnoit
à ce peuple des conſolations pré-
ſentes, pour qu'il n'en cherchât
pas dans l'avenir. Son zéle réuſſit,
& pendant ſa vie Jurieu prophé-
tiſa en vain. Après la mort de
Brouſ-

Brouſſon, qui arracha des larmes à
ſes bourreaux, les Cevennes n'eurent plus de guide : ceux qui les
prêch nent furent effrayés par le
ſupplice de leur Paſteur, & ſe reti-
rérent. Des Bergers lûrent dans la
Bible, qu'il viendroit un tems où
les pierres même parleroient : ils
s'érigerent en Apôtres, & parlé-
rent. Leurs pieuſes abſurdités furent écoutées, & frapérent vivement un peuple encore plus pieux
& plus abſurde qu'eux. On crut en
Inneu, parce qu'on ne voyoit plus
Brouſſon. Les Bergers eurent des
extaſes & des viſions : le troupeau
en eut auſſi, l'Abbé du Chayla fit
écraſer entre deux poutres la tête
de cinq ou ſix enfans de Prophêtes.
Quelques bandits prirent les armes, & joignirent aux convulſions
de la pieté les convulſions du dé-
ſeſpoir. Voilà l'origine de cette
guerre des Camiſards, qui cauſa
une diverſion ſi funeſte à la France,
ſi favorable à nos ennemis.

G   Heu-

Heureusement ces actes d'autorité, détestables enfans du Mona-
chisme, ne font plus de nos jours.
Mais, sous Louis XIV. ils étoient
fréquens. Ne les oublion pas, si
nous ne voulons qu'on les renou-
velle un jour. On n'osa les Drago-
nades, que parce qu'on ne le sou-
venoit plus de la Saint Barthe-
lemy. Rendons grace à ce Prince
chéri, dont la premiere loi est la
modération ; Rendons grace au
commerce qui a raproché le Languedoc de la Capitale. Ce n'étoit
qu'à 150 lieues de Paris, que Louvois pouvoit envoyer des ordres
du Roi, ignorés du Roi, & noyer
dans le sang cette race proscrite, à
qui la France doit les Bourbons.
Henri IV. dit à ceux qui lui repré-
sentoient, qu'il n'y avoit que deux
lieues de Charanton à Paris : *Ventre*
saint-gris! je veux qu'il y en ait quatre.
Le commerce a dit : *Je veux qu'il*
n'en ait que 50 de Paris à Montpel-
lier. Encore un peu de tems & la
phi-

philofophie , & l'humanité , & la
religion même racourciront cet ef-
pace. Oui, dans un fiécle, quand
on verra Louvois traiter les plus
belles Provinces de France comme
il avoit traité le Palatinat, on croira
lire l'hiftoire de Perfe , & non celle
d'un Roi , que la Politique confi-
dérera toujours avec admiration ,
les Arts avec amour , la Religion
avec refpect.

XXXVII.

Mot de Louis XIV.

Louis XIV. n'a jamais dit à Milord
Stairs ,, j'ai toujours été le maître
,, chez moi, & quelquefois chez
,, les autres.

Et pourquoi ne l'a-t'il pas *dit*?

Parce qu'il ne l'avoit jamais été chez
les Anglois.

De forte, que *autres* & *Anglois*
font chez vous fynonimes. Comment n'avez vous pas vû , que par
cela même le mot de Louis XIV.
eft plus fort, plus beau , moins in-

ful-

fultant : ,, Prenez garde que ce
,, port de Mardik ne me faſſe reſ-
,, ſouvenir que la Hollande m'of-
,, fenſa un inſtant, un inſtant après
,, fut envahie.

Voilà ce qu'auroit dû vous dire
le continuateur de ces remarques,
que j'eus la foibleſſe de commencer.

Il eût pû ajouter, que trois jours
après cet entretien, Mylord Stairs
en fit le récit en préſence de M. de
Crébillon, qui aſſure que le Lord
le finit par ces mots : *Et la vieille*
machine m'en impoſa. Ce qui prouve
en paſſant, que vous connoiſſiez
mal Milord Stairs, quand vous di-
ſiez à M. le Préſident Henault que
ce *mot* auroit *attiré au Roi une re-*
ponſe très-déſagréable de la part de
l'Ambaſſadeur.

Au lieu d'entrer dans ce détail,
mon Continuateur vous dit avec
une ſéchereſſe que je déſaprouve:
Je ſçai de ſcience certaine que Louis
XIV. tint ce diſcours. Sans doute
plein

plein d'eſtime pour ce Livre de
M. le Préſident Henault , où tout
eſt vrai , & rien inutile , il fut indigné qu'à un témoignage ſi précis
vous oppoſaſſiez ces mots orgueilleux : *Je ſçai de ſcience certaine que
Louis XIV. ne tint pas ce diſcours.*

Aujourd'hui vous rapportez une
converſation , dont le réſultat eſt
que M. le Préſident Henault vous
promit de ſupprimer ce trait. Il ne
vous le promit point : *je le ſçai de
ſcience certaine ,* ſans compter que ce
trait ſe retrouve dans les trois éditions de ſon Livre , faites depuis
cette prétendue promeſſe.

Après cela vous entrez en fureur:
& vous me dites à moi : *vous n'êtes
qu'un menteur.* Avant de l'écrire ,
avant de le penſer , vous auriez dû
commencer par vous aſſurer ſi la
remarque étoit fauſſe , & enſuite ſi
j'étois réellement l'Auteur des Remarques des deux derniers volumes. On vous l'avoit dit : un ſimple rapport ſuffiſoit-il ? Il vous ſuffi-

soit sans doute pour en impoſer au
pouvoir. Mais de la plus longue
Lettre de cachet au plus court dé-
menti, il y a bien loin. Vous me
le donnez complet, répété, imprimé. *Ce n'eſt point avec moi*, dites-
vous, *qu'il faut ménager les termes*,
il faut les *ménager* avec tout le monde, il faut les *ménager* même à Leip-
ſig, où l'on peut ne pas toujours
être ; il faut les *ménager* même avec
l'homme qui eſt dans les fers. Il
faut les *ménager*. On vous l'a dit
avec tant d'énergie !

XXXVIII.
Les rangs en Pruſſe.

P. 41. *Apprenez*, dites - vous ,
avec une ignorante fierté, *que dans
les Etats du Roi de Pruſſe, les Magiſtrats ſont bien loin de diſputer quelque choſe aux Officiers.*

Il falloit dire que les Officiers ne
diſputent rien aux Magiſtrats. Vous
auriez dit vrai, & quelque choſe
d'étonnant dans un état militaire.

En

En France le Prince ne décide pas
toujours les difputes de préféan-
ce. En Pruffe il n'y en a point,
parce qu'elles font déja toutes dé-
cidées. Et en Dannemarc, c'eft
encore pis : le réglement des rangs
s'étend fur les actes les plus com-
muns de la focieté. A la Cour, à
la Ville, à la campagne, vous n'ê-
tes que ce que le Roi veut que vous
foyiez, & l'Almanach vous le dit
toutes les années.

XXXIX.

L'état de la Robbe en Allemagne.

P. 41. *Apprenez à connoître l'Allemagne.*

Je la connois très - peu. Mais
vous voudriez bien la connoître
autant que moi. Pourquoi n'avez
vous rien repliqué à la très bonne
critique que j'ai faite de ce très-
mauvais article de votre *fiécle* ?

Ibid. *Diftinguez en Allemagne le
Confeil de ce qu'on appelle les Legiftes.*

Où les ai-je confondus ? Vous
avez

aviez dit, je ne ſçai où , que la
Robbe n'étoit en honneur qu'en
France. Moi , ou quelqu'autre,
car je n'ai en ce moment ni votre
ſiécle , ni les *remarques* , vous avoit
dit, que la Robbe étoit moins en
honneur en France qu'en Allemagne. On vous avoit cité l'étude
du Droit, ſi négligée parmi nous,
ſi eſtimée parmi eux. On vous avoit
obſervé que les plus grandes Mai-
ſons du Nord prenoient indiffé-
remment le parti de la robbe ou
de l'épée , tandis que les nôtres ne
connoiſſoient que le métier de la
guerre. On avoit pû vous dire,
que les Schulembourgs, les Rant-
zau , les Reventlau , les d'Arnims,
les Roſembergs , & tant d'*ames de
Héros* * acceptoient ou briguoient
des Charges de judicature en des
Cours moins ſouveraines que nos
Parlemens. On vous avoit appris
ou

---

* *Tot heroum animæ*. JUV.

ou rappellé que divers Ordres de
Chevalerie accordés en France à
l'épée seule , étoient accordés à la
robe en Allemagne. On vous avoit,
je crois , renvoyé à la liste des
Membres du Conseil Aulique , &
de la Chambre de Wetzlar. Et aujourd'hui , au lieu de corriger cette
faute , vous venez me dire , *distin-
guez le Conseil de ce qu'on appelle les
Légistes.*

X L.

*Discours de Louis X I V. au Parle-
ment.*

On vous a nié ce discours. Je
le crois vrai. Mais vous le placez
mal. En 1654. il n'eut été ni glorieux ni prudent : ni prudent ;
l'année étoit orageuse , l'autorité
royale mal affermie : ni glorieux ;
le Roi étoit trop jeune pour qu'on
n'eut pas attribué cette saillie à
Mazarin , à moins que vous ne di-
siez comme cet Ambassadeur : *Un
Roi de France n'est jamais jeune.* Ce
fait

fait doit être poſtérieur de quatre
ans. Voyez: Il eſt ſûr que ce qui
auroit été ou imprudence ou foibleſſe en 1654. deviendra un acte
de magnanimité en 1658. Exami-
nés cette conjecture. Elle n'eſt pas
de moi.

XLI.

Pantaleon-Sa.

La remarque ſur Pantaleon-Sa
(que vous faites tuer le même jour
que Cromwel ſigna un traité avec
l'Ambaſſadeur de Portugal ſon
Frere) eſt purement de moi. Vous
ne m'en parlez pas. Je vous le ré-
péte, le traité ne fut ſigné qu'en
1656. & Pantaleon avoit été déca-
pité en 1654. & comme il faut citer, je cite tous les Hiſtoriens. Aucun n'a fait cette mépriſe : de ſorte
que vous êtes créateur de ce fait.
Vous n'avez donc pû peindre
Cromwel ſans faire une antithèſe !
& vous n'avez pû faire une antithèſe , ſans inventer une fable !

Avouez-

Avouez - le : cette réflexion vous humilie.

Votre goût po r les paradoxes a fait une parti. de votre réputa i on : & la maniere br ante dont vous les rendez a fait le refte. L'amour dé la vérité vous eût acquis moins de gloire , mais vous eût épargné bien des contradictions. Si vous aviez eû des principes fixes , vous n'auriez point dit , par exemple, en parlant de Cromwel, *il augm.en a toujours fon pouvoir, en ofant toujours en abufer* *, & en parlant du même Cromwel, *il augmenta fon pouvo i en fçachant toujours le repi i ner*§, Vous n'auriez point tantôt exalté la nature humaine., tantôt grondé qu'il y eut *tant d'efpeces de finges & une feule efpece d'homme*. Vous n'auriez point brifé d'une main les ftatues de Malbranches, de Bayle, de Defcartes, de Pafcal , & de l'autre élevé
des

---

* *Diff rt: fur Cromwel.*
§ *Siécle de Louis XIV.*

des autels à l'inventeur du compas
de proportion. Vous n'auriez pas
médit des découvertes, ou des ta-
vaux de nos plus grnos hommes,
& publié votre subli ne découverte
sur les coquillages de nos carrieres
& de nos montagnes, qui ne sont
plus, suivant Fontenelle, *des mé-*
dailles de déluge, mais suivant le judicieux Voltaire, les coquilles des
Pélerins de Jerusalem, ou les dé-
bris de quelques repas d'huîtres.

XLII.

Mot d'un Ambassadeur Espagnol.

Je place ici une observation que
je pourrois oublier. Vous assurez
que Louis XIV. en acceptant la
succession d'Espagne, dit : *il n'y*
a plus de Pirenees. J'ai cité ce mot
d'après vous. Nous nous sommes
mépris tous deux. Il est du Marquis de Castel Dos-Rius, alors
Ambassadeur d'Espagne. Il rendit
sa pensée par cette magnifique image : *les Pirenées sont fondues.*

Je

Je tire ce trait d'un Mémoire
compofé par ordre de Madame de
Maintenon, & envoyé à la Prin-
ceffe d'Harcourt. Ce Mémoire eft
de 50 pages in-4°. & contient tout
ce qui s'eft dit, tout ce qui s'eft fait
à Verfailles pendant les trois jours
qui fuivirent la nouvelle de la
mort du Roi d'Efpagne : J'ai auffi
un grand nombre d'autres manuf-
crits fur divers événemens du régne
de Louis XIV. depuis 1680. jufqu'à 1720. fans compter 12 ou
1500 Lettres de Madame de Maintenon. Penfez-vous férieufement à
corriger ce *fiécle*, dont vous n'avez
donné que *l'efquiffe*, comme vous
le dites vous même, avec encore
plus de vérité que de modeftie ? Je
vous offre dans ces Mémoires de-
quoi exécuter le tableau. Je four-
nirai la matiere, vous, le coloris.
Mais avant de commencer, gravez
ces mots de votre texte fur votre
bureau, & ne les perdez pas de
vue : ,, Je n'écris ni l'hiftoire d'un

H   ,, Peu-

,, Peuple, ni la vie d'un Roi. Je
,, peins l'esprit des hommes dans
,, le siécle le plus éclairé.

XLIII.
Les Etats de 1614.

Vous mettez trois pages à prouver que je me suis trompé. Ces pages * sont précedées, coupées, sui-
vies de grossieres injures. Je suis un
,, ignorant, un audacieux, plein
,, de caprice, inspiré par la démen-
,, ce, un monsieur, un indigne
,, d'une impunité qui ne doit pas
,, durer, un homme digne d'être
,, parmi les foux, permis à moi de
,, cracher sur les passans.

Auriez-vous évoqué l'ombre de
Scaliger? Je n'ai ni l'art d'écrire
des invectives, ni le loisir de vous
suivre dans vos discussions histori-
ques. Il me faudroit des Livres. Je
sors de l'Achéron : & je n'ai sur
moi que le Senèque de *Irâ.*

P. S.

* *Supplément. Ire Partie.*

P. S. J'ai examiné le fait. Vous avez tort. Le Conseil soutint le Cardinal du Perron. À sa sollicitation, la Noblesse se détacha du tiers-état : le Parlement jugea, tandis que les Etats-Généraux disputoient : l'affaire ne fût pas décidée. Voyez tout cela dans le Vassor.

XLIV.
Les guerres d'aujourd'hui.

„ Apprenez que c'est le comble „ de l'impertinence de dire que „ toutes les guerres d'aujourd'hui „ sont des guerres de commerce.

Et la preuve ?

La voici : *Les guerres de la succession d'Espagne étoient d'un ordre un peu supérieur.*

Eh ! l'on ne vous parloit que des guerres *d'aujourd'hui* ! Il est singulier que vous traitiez avec mépris les guerres dont l'argent est l'objet : Pour moi, dussiez-vous répéter votre insulte, je répéterai que les guerres de commerce sem-

H ij   blent

blent être les feules pardonnables
aux Princes , les feules fuppor ta-
bles aux Peuples.

XLV,

La perte de la bataille d'Hochſtedt.

P. 46. ,, Apprenez , ſi vous pou-
,, vez, quel eſt l'excès ridicule d'un
,, jeune ignorant , qui dit d'un ton
,, de maître : le Maréchal de Vil-
,, lars ne prédit pas la perte de la
,, bataille d'Hochſtedt , il dit feu-
,, lement les raiſons qui la firent
,, perdre.

Je ne ſuis point l'Auteur de la
Remarque que vous relevez ſi vio-
lemment, elle eſt dans le ſecond ou
le troiſiéme volume. Vos injures
ne me piquent point : la plûpart
s'adreſſent à mon Continuateur , &
elles ne me piqueroient pas, quand
même elles s'adreſſeroient à moi.

XLVI.

Mémoires de M. Dangeau.

P 48. ,, Apprenez que c'eſt dans
,, les Mémoires du Marquis de
,, Dan-

,, Dangeau que j'ai lu ces paroles :
,, On se déchaîne contre Villeroi ,
,, parce qu'il est mon favori.

Vous voilà donc réconcilié avec
ces Mémoires du Marquis de Dangeau, que vous avez si fortement
décriés. Faux , quand ils vous con-
tredisent , ils sont vrais quand ils
vous plaisent. Je ne désespére pas
de vous voir penser, comme M. de
Foncemagne , sur le Testament du
Cardinal de Richelieu : comme
M. de l'Ecluse, sur les Mémoires de
Sully : & comme tout le monde, sur
l'autenticité de Livres plus impor-
tans. Quant au Recueil de M. de
Dangeau , il est très-bon. Où avez
vous pris que c'étoit l'ouvrage de
ses laquais ? L'exemplaire original
fut revu par Madame de Maintenon
qui le goûtoit fort dans sa retraite
de S. Cyr, & qui de sa main en corrigea quelques méprises.

X L V I I.

Titres de M. de Voltaire.

Apprenez que je suis Gentilhomme
ordinaire du Roi.   H iij

Et vous, mon brave Gentilhomme !
apprenez que Molſere n'a rien mis
de ſi plaiſant dans la bouche de M.
de Pourceaugnac.

Apprenez que je regarde avec in-
diffèrence tous les titres.

Courage , Voltaire ! devenez
enfin décidément Philoſophe &
& indépendant ; car juſqu'ici , ſoit
dans votre conduite , ſoit dans vos
écrits , vous n'avez fait que des
complimens à la liberté.

XLVIII.
Les portraits.

P. 51. Vous dites d'aſſez bon-
nes choſes là-deſſus , mais avec
trop de longueur , & pas aſſez de
ſuite. Vous juſtifiez mal le portrait
de Turenne, encore plus mal votre ſilence ſur Deſcartes, qu'il falloit peindre, parce qu'il faiſoit épo-
que,& horriblement mal ces coups
de pinçeau que vous reprochez à
Maimbourg avec autant d'intrépidité , que ſi vous ne vous les per-
mettiez pas à chaque page. Trop
peu

peu maître de votre entoufiafme
pour réuſſir en portraits hiſtoriques,
méfiez-vous, même de votre ſang
froid. Le ſang froid de Voltaire eſt
pire que l'yvreſſe d'un autre.

Vous critiquez mon portrait de
de Madame de Monteſpam. Vous
avez raiſon.

XLIX.

Le Roi de Pruſſe.

P. 56. *La Beaumelle inſulte le Roi
de Pruſſe.*

Moi, qui l'avois ſi fort loué dans
mes penſées, qu'à Potzdam vous m'en
fites des reproches amers ! moi qui
lui conſacrai les premiers eſſais de
ma Muſe ; qui l'étudiai au ſortir de
l'enfance ; qui l'admirerois tous les
jours davantage , ſi l'admiration
n'avoit un terme *!* moi qui en écrivant le *Qu'en dira-t'on,* n'avois penſé
qu'à lui, parlé que de lui, qui n'a-
voit vanté que lui, & qui avois oſé
lui donner ces éloges excluſifs
qui vous fâchoient , & dont vous
lui

lui dérobiez la connoissance!

L.

Le Roi de France.

P. 56. *La Beaumelle insulte le Roi de France.*

Si cela est vrai, j'ai commis le plus grand crime : si cela n'est pas vrai, vous avez imprimé la plus grande calomnie : & cela n'est pas vrai.

LI.

Le Duc d'Orléans.

P. 58. ,, Y a-t'il rien de plus af-
,, freux, de plus digne d'un châti-
,, ment exemplaire, que de faire
,, entendre qu'un grand Prince em-
,, poisonna la Famille royale ?

Je n'ai fait que le Ier. volume *,

---

* *Consultez le Procès-verbal & les pieces y annexées, vous y trouverez la réponse du Libraire & du Magistrat de Francfort aux plaintes que je leur avois adressées de ce qu'Eslinguer avoit mis aux trois volumes les premieres lettres de mon nom.*

& ce blafphême eft dans le fecond.
Au moment que je fus arrêté, j'é-
tois occupé à détruire ces bruits
que vous renouvellez dans votre
fiécle, où ils feroient mal refutés,
s'ils avoient befoin de l'être.

LII.

P. 62. ,, La Beaumelle en faifant
,, de mauvais Livres a trouvé le
,, fecret d'intéreffer à fa perfonne
,, vingt Souverains & cent familles.

Quel procedé, de m'aller chercher par tout des ennemis ! & quels
ennemis ! Monfieur de Voltaire !
je ne veux point vous dire d'injures : mais quand on vous voit répondre des injures à des raifons,
verfer le poifon fur les bleffures
que vous avez faites, ériger en crimes d'état des querelles de Gram-
maire, fçavez vous ce qu'on dit ?
Eh bien ! il eft bon que vous le
fçachiez : & peut-être eft-il tems
que vous en profitiez.

Il lui fied bien, dit-on, de faire
de

de pareils reproches , à lui dont la
plume n'a refpecté ni les morts ni
les vivans , ni les citoyens ni les
nations , ni les trônes ni les autels!
à lui qui, comme un infecte mal-
faifant , s'attache à toute réputation brillante , & l'analife après
l'avoir rongée ! à lui qui tout à la
fois petit dans fes jugemens , &
hardi dans fes projets , croit admirable tout ce qu'il ne peut faire , &
veut abattre tout ce qu'il juge admirable !

Pourquoi vous acharnez vous à
tous les fuccès de l'efprit ? Voudriez vous que toute la gloire , tous
les talens fe raffemblaffent en vous,
& s'anéantiffent dans les autres ?
On feroit moins jaloux du mérite
littéraire , fi l'on fçavoit l'aprécier.
Naître avec de l'efprit, c'eft naître
avec de beaux yeux. Mais fi ces
beaux yeux avoient le regard du
bafilic ?

LIII.

LIII.

Rich es.

P. 63. „ l a B aumelle me re-
„ proche en vingt endroits jufqu'à
„ ma fortune , comme fi elle étoit
„ faite aux dépens de la Beaumelle.

Comme vous vous jouez de la
crédulité du Public ! Je vous défie
de citer un feul de ces endroits. Je
vous ai toujours permis d'être auſſi
riche que M. de Monmartel , ou
M. His. S'il étoit poſſible que je
vous enviaſſe quelque choſe , ce
ne feroit pas plus vos richeſſes que
votre *fiécle*. Se mocquer de votre
fiécle eſt , fi vous voulez , une in-
difcrétion : Vous reprocher votre
fortune, feroit une lâcheté. J'ai fait
le premier , & fuis incapable de
l'autre.

J'approuve fort ce que vous dí-
tes du droit qu'à tout Auteur de
vivre de fon travail , comme un
Seigneur du revenu de fa terre,
comme un Banquier de fon chan-
ge,

ge, comme un Evêque de l'autel.
On peut écrire pour vivre : mais il
ne faut point que l'écrit se ressente
de cette nécessité. Les gens du
monde ont là dessus des préjugés
singuliers, & les gens de lettres,
des délicatesses ridicules. On peut
vendre ses écrits. Ciceron vendoit
bien ses plaidoyers *. Un Ministre
étranger avoit à sa table un Philo-
sophe Genevois, qui vivoit de son
esprit, comme tant de gens de la
Cour vivent de leurs bassesses. Ce
Ministre parlant d'un de nos plus
grands génies dit : *il écrit pour vivre* ; & votre Excellence, dit brus-
quement le Citoyen de Geneve,
pourquoi chiffre-t-elle ?

LIV.

,, C'est un spectacle qui peut ser-
,, vir à la connoissance du cœur
,, hu-

---

* *Ligurianam præclare vendidisti*, écrit-
il à Atticus 13. 12.

„ humain, que de voir certains
„ hommes de lettres ramper tous
„ les jours devant un riche igno-
„ rant, venir l'encenſer au bas bout
„ de ſa table, & s'abaiſſer devant
„ lui ſans autre vûe que celle de
„ s'abaiſſer. Ils ſont bien loin d'en
„ être jaloux. Ils le croïent d'une
„ nature ſupérieure à leur être.

Cela n'eſt plus aujourd'hui. Nous
n'avons plus de Montmor, de Col-
letet, ni de Durier : ou ſi nous en
avons, ils ont pris une autre al-
lure. Mais vos chimères me four-
niſſent des réalités. Le commerce
du monde pouvoit être utile aux
gens de lettres, & n'a fait que les
avilir. On y a cherché le plaiſir &
le délaſſement : & l'on y a trouvé
le frivole & la diſtraction. On y a
cherché la conſidération : & l'on
y a rencontré la richeſſe qui cal-
cule tout, & la grandeur qui dédaigne tout. Auſſi tel homme qui daㅋs
un autre ſiécle eût eû la réputation la plus pure, le reſpect le plus

con-

conſtant , fait dans ce monde un
rôle équivoque , & flotte entre l'eſtime & le mépris. L'homme de lettres citoyen, réſiſte ſeul au torrent de
l'humiliation générale. Et à la honte
des lettres, il eſt tiré par le Public de
la claſſe des gens de lettres. Mais
la conſidération qu'il arrache n'eſt
pas proportionnée à l'admiration
qu'il obtient. La fureur du bel eſprit a tout gâté , & l'eſtime per-
ſonnelle dûe aux hommes faits
pour éclairer les autres , ne renaî-
tra que lorſque ces hommes ſenti-
ront, à force de dégoûts, que l'eſprit eſt fait pour vivre avec l'eſprit,
& qu'il vaut mieux ſe répandre
dans ſon cabinet , que ſe contrain-
dre dans une antichambre.

L V.

Paſſage de mes Penſées.

P. 66. *La Beaumelle dit au public*
dans les penſées qu'il y a eu de meil-
leurs Poëtes que Voltaire (hé ! Voltaire en doute-t'il) *& qu'il n'y en*

eut

taire en doute-t-il ?) *& qu'il n'y en eut jamais de si bien récompensé.* Cela étoit vrai en 1751.

Vous copiez le reste de ce passage, & le mutilez à votre ordinaire. Il devient presque offensant avec vos changemens. Pourquoi retrancher ces mots ? *Le goût ne met jamais de bornes à ses récompenses.* Je suis fâché que ce passage vainement étayé de mes assurances & de mes explications nous ait brouillés, & vous ait offert un prétexte de me nuire. Ne vous prévalez pas de cet aveu, je ne le fais qu'au moment où il ne peut être attribué à la crainte, être ravi à la générosité. Comptez que vos malheurs vous épargnent bien des traits.

L V I.

Honneurs des Gens de Lettres.

P. 69. *J'ai cru que le véritable honneur d'un homme de Lettres étoit de renoncer aux pensions, aux cordons.* Les la Beaumelle me diront que le Roi de Prusse m'a rendu ces honneurs avec une bonté qui les fâche.

I ij **

Si tous les la Beaumelle reſſem-
blent à celui qui vous écrit, ils vous
diront qu'ils ſont fâchés que vos
fautes multipliées aient laſſé la bonté
de ce Prince, & l'aient forcé à vous
dépouiller * enfin par juſtice de ces
honneurs, qu'il vous avoit tant de
fois rendus par pitié. Ils vous diront encore que le véritable honneur de l'homme de Lettres eſt de
mépriſer les honneurs, d'accorder
l'hommage de convention à ceux
qui en ſont décorés, & de fuir ceux
qui les eſtiment. La gloire d'un
Poëte n'eſt pas de porter une clef
d'or, d'étaler ſans ceſſe un titre
qu'on ne refuſe pas au plus mince
Gentilhomme de l'Empire, mais de
faire une Electre auſſi-bien conduite, auſſi intéreſſante que Crébillon.
Les Philoſophes qui ont recherché
les Rois ont méconnu leur propre
gran-

* *A Francfort : en priſon : par ſon Miniſtre : Juillet 1753.*

grandeur ; c'eſt aux Rois à rechercher les Philoſophes, parce que
c'eſt au beſoin à rechercher ce qui
peut le ſatisfaire. C'eſt aux Philoſophes à oppoſer les dehors du
reſpect à cette familiarité preſque
toujours dangéreuſe dans les Princes , & à ne s'y livrer qu'autant que
le bien des hommes l'exige. Voilà
comme penſoient ces Sages que
vous citez. Ils permettoient quelquefois à des Empereurs le titre
d'ami.

LVII.

*Acte d'humilité de M. de Voltaire.
Revue de ſes Oeuvres.*

*Il eſt très-aiſé que le Roi de Pruſſe
trouve un meilleur poëte que moi , un
Académicien plus utile , un écrivain
plus inſtruit.*

Puérile ironie. Ce Prince qui
récompenſe les Arts avec tant de
magnificence , & qui les cultive
avec tant de gloire , trouvera diffi-
cilement un homme qui ait com-
I iij   me

me vous le médiocre * mérite de
grand Poëte Français. Tout le
reste, il le trouvera fort aisément,
& dans un plus haut degré. L'En-
ciclopedie seule lui offriroit de-
quoi choisir.

Cessez de vous flatter : sçachez
vous connoître. Qui peut autori-
ser un si orgueilleux défi ?

                    * votre

---

* *Autrefois la rime charmoit nos oreilles :
aujourd'hui elle les fatigue. On ne lit plus
de Vers : & s'il en faut croire M. de Fontenelle, dans cent ans, on n'en fera plus.
Nous commençons à sentir combien il est
inutile de cultiver un Art auquel la méchanique
de notre vérification, & la timidité de notre langue ravissent ce caractère musical &
pittoresque qui lui est essentiel. Les Etrangers
qui lisent avec délices Virgile, Homere, ne
lisent qu'avec dégoût nos meilleurs Vers.
Corneille & Racine leur plaisent, non comme Poëtes, mais comme esprits supérieurs
dans l'art d'exciter les passions par la seule
force de la vérité. Ils leur plairoient davantage, s'ils étoient dépouillés de ce retour des
mêmes sons dont le vice, dérobé un instant
à force de beautés, reparoît toujours, accompagné de l'ennui.*

Votre Henriade ? Quand elle
seroit auſſi belle que vous le dites,
quand elle ne ſeroit pas ſemée de
Vers étiqués, quand la diſcorde
n'en ſeroit pas l'éternelle courrie-
re; quand le ſentiment n'y ſeroit pas
étouffé par les images ; quand Renneville * n'auroit pas fait les frais
du ſeptiéme Chant ; quand le
Héros ne finiroit pas par une lâcheté, la Henriade ne ſeroit jamais
que le ſeptiéme des Poëmes épi-
ques. On lui préféreroit toujours
l'Iliade, l'Odyſſée, l'Enéïde, le
Paradis perdu, la Jeruſalem, &
le Telemaque, qui en dépit de
vous eſt un poëme, par la même
ra-

---

* *Voyez à la Bibliotheque de la Baſtille*
quelques feuillets d'un Livre, intitulé : Dé-
guiſemens des Auteurs : Vous trouverez en-
tre les lignes dudit Livre deux mille deux
cens Vers, intitulés Viſion ou caprice,
faits par Conſtantin de Renneville, & dans
ces 2200 Vers le fond du ſonge d'Henri IV,
qui eſt dans le 7e chant de la Henriade.

raifon qu'une comédie en Vers
n'en eft point un. Je vous fais grace
de la Lufiade & de la Pharfale. Qui
vous croit fupérieur à Lucain ne
l'a pas lû.

Eft-ce votre Hiftoire de Charles
XII? Rapidement & trè-agréable-
ment écrite ; remplie d'erreurs, &
méprifée des Ruffes, des Suédois,
des Dánois, des Allemands, des
Peuples qui font le plus en état
d'en juger, & fur-tout des témoins
oculaires.

Vos Lettres philofophiques ?
Ouvrage vuide d'efprit philofo-
phique, plein de penfées hazar-
dées, de faux raifonnemens, de
hardieffes impies. Nous connoif-
fons trop les Anglois pour le lire
encore.

Votre critique de Pafcal ? Je vous
renvoye à la réponfe de M. Bou-
lier.

Votre Temple du goût ? L'en-
vie le bâtit : & le *goût* même le
renverfa.

Vos

Vos Comédies ? Vos Amis ont
soin de dire que ce n'est pas votre
genre. Et Nanine, Adine, l'Enfant prodigue, l'Indiscret l'avoient
dit avant eux.

Vos piéces fugitives ? La plûpart
très-jolies, mais d'une monotonie
fatigante. Par-tout le même tour &
presque les mêmes pensées. Il ne
faut pas les lire de suite, parce
qu'elles paroissent avoir été faites
de suite.

Votre Neuton à la portée de
tout le monde ? pendant que Neuton n'a jamais été à la vôtre.

Vos Tragédies ? Vous en avez
de très-brillantes. Mais Crébillon ?

Vos Opéra ? Vous voudriez bien
qu'on les eût oubliés.

Votre Histoire universelle ? Vous
la désavouez sérieusement, en dépit
de la vérité & de Neaulme *.

Votre

* Voyez la déclaration du Libraire Neaulme en réponse au désaveu du Sieur de Voltaire. Neaulme vous soutient, que votre

Votre Siécle de Louis XIV ? Il
eſt ſi aiſé d'en faire un meilleur !

Votre eſprit ? beaucoup de légé-
reté : point de juſteſſe : quelque
étendue en ſuperficie : nulle pro-
fondeur : le voilà.

Votre génie ? Vous ſuppoſez
donc que vous en avez un à vous ?
Qu'eſt-ce qu'un génie qui commença par copier & contredire
les autres , & qui finit par ſe copier & ſe contredire lui-même ?

L'eſtime que vous avez pour
vous prouve contre vous. Le
grand homme eſt toujours au-
deſſus de ſon ouvrage : vous êtes
toujours au-deſſous du vôtre. Le
grand homme ſe dédaigne : vous
vous

Lettre au Profeſſeur en hiſtoire ne contient
pas de vérités ; que cette hiſtoire univer-
ſelle eſt à vous avec toutes ſes fautes , &
que pour quelques pages de Siécle de Louis
XIV. vous lui demandâtes 400 liv. Cette
déclaration eſt imprimée dans la Gazette
d'Utrecht.

vous admirez, & avec tant de confiance, & peut être de bonne-foi,
que vous avez entraîné cette foule
de demi-connoiſſeurs qu'il eſt ſi
aiſé de ſurprendre, & qu'on croit
ſi dangereux de contredire.

Il en eſt de la république des
lettres comme de l'Egliſe. Tous
croyent; peu examinent; on a la
foi, on n'a pas la perſuaſion. Dans
les lettres, tout le monde applaudit ou ſiffle par imitation, peu de
gens peſent. L'éblouiſſement eſt
commun, le goût très-rare. Mais
enfin ce goût ſe fait jour : il ſe fait
jour après la mort de l'Auteur, qui,
pendant ſa vie, nourriſſoit l'admiration par de nouveaux ouvrages,
ou l'amuſoit par des ouvrages plus
foibles qui faiſoient recourir aux
premiers. A Colmar, vous n'entendez ni la voix de la flatterie,
ni peut-être celle de l'amour-pro-
pre depuis que vous me liſez ; je
ne puis donc mieux choiſir le moment de vous ramener au vrai.

[II

Il faut pourtant vous confoler.
Votre abfence vous a fait de nouveaux partifans , & de jeunes re-
crues qui fortent des Collèges ,
groffiffent annuellement l nombre
de vos admirateurs. Ils foutien-
dront que la France n'a pas encore
produit un homme de votre force :
Ils fe récrieront contre cette partie
de ma Lettre comme contre une
héréfie injurieufe à la Nation. Iis
me traiteront comme on a traité le
dangereux adverfaire de la mufi-
que françoife , qui pour avoir dit
fon avis avec un peu de liberté a
effuyé trente libelles. Vos enthou-
fiaftes diront que je heurte le jugement de mon fiécle. J'en appelle
donc à la poftérité.

Tranfportons nous dans le xixe·
fiécle : & prêtons l'oreille ; „ Cet
„ homme avoit tout ce qu'il faut
„ pour la réputation la plus éten-
„ due (l'efprit de tout le monde,
„ & de cet efprit plus que per-
„ fonne) mais il n'avoit point ce
„ qui

„ qui la rend durable, le génie.
„ Tout ce qu'il voit il le saisit, &
„ se le rend propre : mais s'il a la
„ rapidité de l'aigle, il n'en a pas
„ le coup d'œil : cette abondance
„ d'images pour peindre le même
„ objet, cette variété de tours, ce
„ luxe d'élocution ne sont que des
„ efforts propres à masquer la pâ-
„ leur des pensées, & la sécheresse
„ du fonds. Il ne choisit pas tou-
„ jours l'expression la plus propre,
„ & manque rarement la plus bril-
„ lante. Il a l'art de rapprocher les
„ extrêmes, & de surprendre en
„ les faisant contraster avec force,
„ harmonie brieveté. Mais son ima-
„ gination ne vit que de celle d'au-
„ trui. Le vernis lui appartient tou-
„ jours, l'image jamais. Il nuisit à
„ ses talens en se répandant sur
„ tous les genres : il y chercha la
„ fécondité & la vérité, qui ne se
„ trouvent que dans la force &
„ dans la justesse d'esprit. Il sentit
„ que ces qualités lui manquoient :

K   „ delà,

„ delà, ces flots de bile contre tous
„ ceux à qui elles ne manquoient
„ pas. Il étonna par un air d'indé-
„ pendance & de nouveauté un
„ peuple qui commençoit enfin à
„ se lasser de la monotonie & de
„ l'esclavage de ses idées ; & ce
„ peuple prit pour génie ce qui
„ étoit tantôt plagiat chez les An-
„ glois, tantôt imprudence, quel-
„ quefois délire ; souvent vérité
„ superficielle embellie. Dans la
„ philosophie, absurde ; dans l'his-
„ toire plein de mensonges & de
„ goût ; dans la critique singulier
„ ou de mauvaise foi ; dans le tra-
„ gique fort inégal, heureux dans
„ dans les détails, mal-adroit dans
„ le plan ; dans la poësie, noble,
„ majestueux, brillant, léger, fi-
„ dèle au vrai ton des sujets, jamais
„ sublime, parce qu'il n'est jamais
„ simple. Dans la politique tou-
„ jours étonné, toujours yvre,
„ toujours à mille lieues du vrai,
„ semblable à un Pigmée qui rai-
                              „ son-

„ fonneroit de la guerre des Dieux
„ & des Géants. Une qualité bien
„ eſtimable, c'eſt que ſes écrits ex-
„ halent par tout le parfum de *l'hu-*
„ *manité*, & ne ſont jamais ſalis par
„ des images obſcènes. Mais entre
„ Voltaire & un certain homme du
„ même ſiécle, il y a la même dif-
„ férence qu'entre l'ingénieux Pa-
„ tercule, & le profond Tacite :
„ qu'entre ce mot du premier :
Combien de fois n'avons nous pas vû
Tibère s'aſſeoir parmi les Préteurs !
Heureux le peuple qui voit ſon Juge
dans ſon Maiſtre ! & ce mot du ſecond : *Tibère ſe plaçoit quelquefois à*
la pointe du tribunal du Préteur : mais
tandis qu'on pourvoioit à la juſtice, on
corrompoit la liberté.

Voilà, Monſieur, ce que dira
de vous cette poſtérité : plus éclairée que nous, préciſément parce
qu'elle ſera notre poſtérité.

Ne penſez pas que j'anticipe ſon
jugement par jalouſie. Il ne peut y
en avoir d'un auſſi petit mortel que

K ij   moi

moi à un aussi bel esprit que vous.
J'y perds plus que vous en vous
réduisant à votre juste mesure : car
en faisant de vous un grand homme , je pourrois encore rester quelque chose.

LVIII.

TROISIÉME PARTIE.

Je serai court. Vous vous lassez
de m'insulter. Je me lassois de vous
répondre. Vous faites diverses méprises sur Madame de Bolincbroke,
Madame de Mainteuon , M. de
Fenelon , sur les frais de la guerre
de la succession d'Espagne, &c. On
vous instruira un jour là-dessus.

LIX.

Réponse à une question.

P. 76. ,, Je voudrois bien sça-
,, voir s'il faut flétrir un homme ,
,, parce qu'il a été malheureux à la
,, guerre.

Non sans doute. Mais quand cet
homme été malheureux à la guerre,

re, il faut dire qu'il a été malheureux à la guerre.

IX.

Loix de l'Histoire.

Vous insinuez que l'Historien
doit taire les défauts, & même les
fautes d'un homme, le tout par
humanité.

C'est méconnoître les premieres
loix de votre Art. L'Histoire est la
seule école des Princes, le seul
frein de la méchanceté puissante.
Où les Grands, les Ministres, les
Rois apprendront ils la vérité ? Le
Prince peut échaper à la Cour,
échaper à la Ville, échaper même à
sa conscience. Qu'il soit sûr de ne
pas échaper à l'histoire. Qu'il se
dise : Un jour je serai jugé par ceux
de qui je suis obéi. Les réflexions
doivent être permises à l'histoire.
Car comment un Prince soupçon-
nera-t-il que le peuple murmure,
si l'Historien ne parle pas ? Tel mot
d'un Historien a empêché telle
faute

faute projettée au Conseil. Mais
dans les Païs où il n'est pas permis
d'être vrai dans ses récits , ni libre
dans ses réflexions, que doit faire
l'Historien ? Se taire.

LXI.

Les Harangues dans l'Histoire.

Nous ne faisons plus de harangues , comme les anciens. Vous
en faites la remarque , & vous en
manquez la raison. Les harangues
des anciens étoient dans le vrai :
les nôtres ne seroient pas même
dans le vraisemblable. Les anciens
étoient habitués à penser & à parler sur le champ : l'Historien ajou-
toit seulement les ornemens de
l'expression à la force de ces pensées qui développoient leur ame.
Mais aujourd'hui quelle apparence
que des gens qui ne pensent pas,
qui bégaient, qui n'ont à dévelop-
per qu'un grand goût pour des fri-
volités parlassent comme des Livres ! Raison de plus , pour per-
met-

mettre à l'Histoire les réflexions.
Il faut bien que l'Historien instruise,
puisque le Héros est muet.

LXII.

Naïveté de M. de Voltaire.

P. derniere. *Je n'ai point eu pour
objet dans mon Siécle la vérité de détails.*

Après un aveu si naïf, on n'est
point surpris de trouver si peu de
vérité dans votre *Siéc'e*, mais on l'est
d'y trouver tant de *détails*. Les matériaux, dites vous, vous ont manqué dans une terre étrangere. C'est
s'en appercevoir trop tard. Mais
reconnoissez-le enfin ; ce ne sont
point les matériaux, c'est l'amour
de la vérité, c'est l'esprit de discus-
sion qui vous ont manqué.

LXIII.

Vous m'exhortez à *me répentir* &
à *étudier*.

Le premier étoit superflu ; le second est excellent. Adieu donc,
Mon-

Monfieur. J'aurois pourtant encore bien des chofes à vous dire
fur un Auteur que vous attaquez
fans l'entendre ; mais rappellez-
vous ce mot à quelqu'un qui vous
confultoit fur une critique qu'il
avoit faite contre ce même Auteur:
Mon Ami ! je te confeille d'avoir au-
tant d'efprit que lui.

AVERTISSEMENT.

JE joins ici deux pièces déja imprimées
à Francfort, à la Haye, & à Paris, parce
que s'il est fâcheux que M. de Voltaire fasse
des fautes, il est bon qu'on les connoisse,
& utile qu'on ne les oublie pas.

M. de Voltaire est peint par lui-même
dans l'une de ces pièces, & par les faits
dans l'autre.

La Lettre fut écrite à un ami, auquel ce
même Voltaire, à qui je devois tant de haine,
avoit écrit que je lui devois de la reconnoissance, & qu'il ne me connoissoit que
par les services qu'il m'avoit rendus à Coppenhague & à Berlin : à Coppenhague où
il m'avoit écrit deux ou trois fois sur un
projet où il étoit intéressé : à Berlin où il
ne m'avoit fait que des noirceurs.

Les *Apostilles* furent écrites pour faire
entendre à M. de Voltaire par mon exacti-
tude à repousser ses premiers traits, qu'il
n'auroit en moi un ennemi ni patient, ni
paresseux, ni muet.

Il s'est plaint de ces *Apostilles* : & il les
appelle un vrai Libelle. Qu'est-ce donc que
son *Mémoire* ? Ce *Mémoire* est si atroce,
que mes *Apostilles* paroîtront modérées, à
moins que, comme lui, on ne trouve mauvais
que je ne me laisse pas égorger.

Bien des personnes m'ont conseillé le silence de M. de Maupertuis. Et pensez-vous
L

que M. de Maupertuis n'eût pas répondu
s'il n'eût été vengé par sa place , & défendu
par son Roi ?

Ma Lettre sur mes démêlés avec Voltaire
est une preuve de ma modération dans les
cas où la modération est possible. J'y ra-
conte le mal qu'il m'a fait avec autant de
sang froid qu'il le fit.

Il a tenté depuis d'armer contre moi l'autorité la plus respectable. Cette autorité est
trop juste pour me priver des droits d'une
légitime défense, & trop éclairée pour igno-
rer que les querelles des gens de Lettres ne
peuvent intéresser l'état que par les scènes
réjouissantes qu'elles donnent à ce Public,
dont il est bon de tenir en exercice la
gaieté.

M. de Voltaire, dans sa Lettre à M. Kœnig, accuse M. de Maupertuis d'avoir fait
imprimer ces deux brochures. Je n'en connois pas l'éditeur. Mais M. de Maupertuis
ne publie guère les ouvrages des autres.
Les additions & les retranchemens faits à la
première édition du mien prouvent également que cette édition n'est pas de lui. Les
retranchemens étoient des vérités très-dé-
sagréables pour M. de Voltaire, qu'aparemment M. de Maupertuis n'auroit pas sup-
primées ; & les additions dont je me plains
étoient une bonne épigramme contre moi ,
& une assez mauvaise contre Voltaire ,
qu'aparemment M. de Maupertuis n'y auroit
pas mises. M. de Maupertuis n'en recueille
ni n'en fait , & s'il étoit capable de l'un ou
de l'autre , qui des deux auroit-il manqué ,
de Voltaire ou de moi ?

LETTRE *sur mes démêlés*
avec M. DE VOLTAIRE.

VOus êtes surpris, Monsieur, que je sois mal avec M. de Voltaire ; il n'a pas tenu à moi que je ne fuffe fon ami. J'ai tout fait, d'abord pour l'aimer : enfuite pour être aimé de lui : enfin pour l'oublier & pour l'engager à m'oublier. Je n'ai pû réuffir : il a voulu que je le craigniffe. Je lui ai prouvé que je ne le haïffois, ni le craignois. Je vais vous détailler les caufes de nos différends. Jugez-moi d'après ce détail, il eft des plus vrais.

Mon premier foin en arrivant à Berlin fut de voir M. de Voltaire. Je ne le connoiffois que par fes ouvrages, & par quelques Lettres qu'il m'avoit écrites à Coppenhague au fujet d'une édition d'Auteurs Claffiques François que j'avois projettée à l'ufage du Prince Royal de Dannemarck.

L 2   Mylord

Mylord Tyrconnel , à qui j'étois
adreſſé , me dit qu'il falloit flatter
M. de Voltaire , qui étoit un homme dangereux, & m'attacher à M. de
Maupertuis , parce que M. de Maupertuis étoit un honnête homme , &
peut-être le ſeul de nos François
que le Roi eſtimât réellement.

Je ne ſuivis point ce conſeil, parce
que le genre de M. de Maupertuis
n'étoit pas le mien , & que je crus
appercevoir de la paſſion dans le
mépris que M. de Tyrconnel me
témoignoit pour M. de Voltaire.
Je ſavois bien des choſes qui n'é-
toient point à la gloire de ce Poëte ;
mais mon admiration pour lui en
rejettoit une partie, excuſoit l'autre , en attribuoit beaucoup à l'en-
vie. Je le croyois capable de foibleſſes ; je le croyois incapable de
noirceur. Je le ſçavois avare , mais
je ne l'imaginois pas injuſte. Je pen-
ſois ſur-tout , que rempli de ſa gloire , il étoit au-deſſus de ce puérile
amour que les petits Eſprits ont
pour tout ce qui ſort de leur plume.

me. Presque tous ses adversaires me
paroissoient si petits, qu'à mes yeux
prévenus il n'en devenoit que plus
grand. Le plaisir que m'avoit causé
la lecture de quelques-uns de ses
Ouvrages, étoit bien propre à me
séduire, & à couvrir une multitude
de péchés ; car au plus fort de mon
entousiasme pour lui, je sentois bien
que je pardonnois beaucoup de choses à l'Auteur d'Alzire en faveur
d'Alzire.

Telles étoient mes dispositions :
j'en fis part à une Dame, que par
égard je ne nommerai pas. Elle les
aprouva, &, comme amie de M. de
Voltaire, fut ravie de lui voir enfin
un défenseur. Nous convimmes
qu'on n'avoit à reprocher à ce grand
Poëte que quelques momens.

Il étoit alors à Potzdam : je lui
donnai avis de mon arrivée, lui di-
sant que le desir de voir trois grands
hommes m'amenoit en Prusse, &
quoiqu'il ne fût que le second, que
je le verrois pourtant le premier.

J'allai à Potsdam le 14 Novem-

L 3   bre

bre 1751. Je n'y vis que M. de Voltaire, mais je le vis quatre heures
de suite ; il me fit l'honneur de me
donner à dîner.

Il me queſtionna beaucoup, &
même juſqu'à l'indécence. Toutes
ſes queſtions aboutiſſoient à ſavoir
ſi j'avois des deſſeins ſur la place de
la Mettrie, dont on venoit d'apprendre la mort. Comme j'avois un
objet un peu plus relevé, & que
j'étois chez lui pour lui rendre des
hommages, & non pour lui faire
des confidences, toutes mes répon-
ſes aboutirent à lui faire entendre
qu'il ne pénétreroit pas mes vûes.

Il me demanda quels étoient les
deux autres grands hommes que je
venois voir ; je lui dis que l'un étoit
le Roi : oh ! me répondit-il, il n'eſt
pas ſi aiſé de voir *le R. P. Abbé !* &
l'autre ? M. de Maupertuis. Il ſou-
rit amérement ; il me parut qu'il
auroit mieux aimé que ce fût M.
Pelloutier, *Auteur d'une excellente
Hiſtoire des Celtes.*

Il me parla de ſon Siècle de Louis
XIV ;

XIV ; je lui parlai de mes *Lettres de Maintenon* : il me demanda à les voir : je me rappellai qu'un certain Manuscrit de *Lettres de Sévigné* que Tyriot lui avoit prêté, s'étoit trouvé imprimé à *Troyes*. Je lui refusai le mien avec autant de politesse que si je ne me fusse pas rappellé cette anecdote. Il me répondit : eh ! qu'est-ce qui vous le demande ?

Je tâchai de réparer ce refus ; mais je m'apperçus que je n'avançois point dans son esprit : je le savois fort sensible à la loüange ; à chaque instant j'allois l'encenser par reflexion. J'étois toujours retenu par une mauvaise honte. Je n'ai point le courage de louer en face ni les personnes que j'estime, ni celles que je méprise.

Je partis trop mécontent de M. de Voltaire, pour n'être pas un peu mécontent de moi. J'avois été allarmé de la perfidie de son souris, de l'inégalité de son humeur, du brusque de son ton, des épines de son caractère. Mais enclin à lui tout

L 4 pardon

pardonner, je me dîs : cet homme
eſt dans un mauvais jour ; il a mal
digéré : c'eſt l'indigeſtion qui le rend
faux, dur & cruel : quel dommage
que cette ame dépende ſi fort de
cet eſtomac !

Deux jours après j'appris que M.
de Voltaire avoit écrit que j'étois
venu à Potzdam pour demander la
place de *la Mettrie* ; ce qui étoit me
donner un ridicule complet. Je me
juſtifiai en prouvant que j'étois parti
de Berlin un jour avant la mort de
la Mettrie , & en parlant de cette
place avec l'indifférence qu'en effet
j'avois pour elle. On répandit auſſi
que j'avois écrit à M. de Voltaire
une Lettre où je le mettois fort au-
deſſus du Roi. Ailleurs ces bruits
font des riens ; pour les courtifans
de Berlin ce font des choſes ; & M.
de Voltaire ne l'ignoroit pas.

N ..., ci-devant Secrétaire de
M ..., aujourd'hui *des vers de* FRE-
DERIC *laborieux Copiſte* , avoit été
allarmé de mon arrivée : il m'écri-
vit qu'il me verroit avec plaiſir à
Paris,

Paris ; ce que je crus sans peine , &
qu'il me conseilloit de partir incef-
famment de Berlin ; ce que j'aurois
fait , s'il ne me l'eût conseillé.

Le 1er de Décembre, M. de Voltaire m'écrivit que je l'obligerois
beaucoup de lui prêter *mes Penfées*,
Livre dont on lui avoit dit beaucoup
de bien. J'héfitai long-temps. Cet
ouvrage étoit une efpéce de Myftère
à Berlin. Je ne voulois pas m'y faire
connoître par un Livre , quoique je
fuffe que d'affez mauvais Livres y
euffent fait la fortune à bien des gens.
J'y louois le Roi , & je ne voulois
pas qu'on crût que mes louanges
fuffent intéreffées. Il me fuffifoit
qu'à Coppenhague on eût vû de
mauvais œil ces louanges exclufives.
Il me paroiffoit au-deffous de moi
de chercher à me faire en Pruffe un
mérite de ce dont on avoit tenté de
me faire un crime en Dannemarck.

Madame de * * me détermina.
J'envoyai mon Livre à M. de Voltaire , avec une Lettre , où je le dé-
fabufois de la maniere la plus forte

L 5 *du*

du bruit qu'il sémoit , que je voulois succéder à *la Mettrie.*

Au bout de trois jours , il me le
renvoya par son Valet de Chambre ,
mais sans m'écrire. La page 70 étoit
marquée : dans cette page il y a ces
mots.

*Qu'on parcoure l'Histoire ancienne
& moderne , on ne trouvera point d'e-
xemple de Prince qui ait donné* 7000
*écus de pension à un homme de Lettres, à
titre d'homme de Lettres : il y a eu de plus
grands Poëtes que Voltaire : il n'y en
eut jamais de si bien récompensé , parce
que le goût ne met jamais de bornes à
ses récompenses. Le Roi de Prusse comble de bienfaits les hommes à talens ,
précisément par les mêmes raisons qui
engagent un petit Prince d'Allemagne
à combler de bienfaits un bouffon ou un
nain.*

Le 7 Décembre le Roi arriva de
Potzdam à Berlin , & M. de Voltaire avec lui. J'allai le voir , il me
parla de mon Livre , m'en fit d'un
ton chagrin & dur une critique fort
judicieuse

judicieuse & fort sévere, dont je
profitai depuis, & dont je fus très-
mécontent alors.

Il ajouta qu'il n'avoit pas cru que
l'empressement qu'il avoit eu à entrer dans mon projet de Classiques
à Coppenhague, eût mérité que je
le traitasse aussi mal que je le traitois
dans cet ouvrage.

Surpris de ce reproche, je lui demandai l'endroit ; il me cita, à sa manière, ce que vous venez de lire.
Je le lui répétai plusieurs fois mot
à mot, lui soutenant toujours qu'il
étoit à sa gloire, & encore plus à
celle du Roi. Je ne sai donc pas lire,
me répondit-il ? Peut-être bien, lui
repliquai-je : mais toujours est-il
sûr que je ne vous ai offensé, ni
voulu offenser. Je retournai ce passage en cent façons différentes ; je
ne pus le faire convenir du seul sens
qu'il puisse avoir.

Cependant, rougissant sans doute
d'une si mauvaise chicane, il ne s'atta-
cha qu'à cette seule phrase. *Il n'y eut*
jamais de Poëte aussi bien récompensé que

L 6 *Voltaire*

Voltaire. Il me dît que ce que le Roi
lui donnoit n'étoit pas une récom-
penfe, mais un fimple dédommagement;& il ajouta en autant de termes:
vous m'avez fans doute pris pour
un homme qui n'a point d'argent :
je lui répondis que je favois qu'il
étoit fort riche, mais que ce n'étoit
point par-là qu'il étoit eftimable : il
répliqua qu'il étoit Officier & Chambellan du Roi : je lui répétai ce qu'il
avoit dit à Congrèye, que s'il n'é-
toit que Chambellan, je ne me don-
nerois pas la peine de le voir.

Ces paroles femblerent l'adoucir : il m'affura qu'il ne me favoit
pas mauvais gré de ce paffage, contre lequel il venoit de s'emporter ;
mais qu'il ne me feroit pas fi aifé de
faire ma paix avec M. le Marquis
Dargens, qui n'étoit ni un bouffon,
ni un nain, avec le Baron de Polnitz,
qui peut-être... mais qui au fond
étoit homme de condition, avec le
Comte Algarotti, qui méritoit beaucoup d'égards, avec M. de Maupertuis, qui étoit Préfident d'une
                              Académie,

Académie, de laquelle il étoit bien
réfolu de défendre l'entrée à quelqu'un qui avoit écrit que des gens,
qui font plutôt les amis du Roi que
fes beaux efprits, étoient des bouffons & des nains.

Je lui demandai fi le Roi étoit
inftruit de tout cela : oui, me dit-il,
& même fort indigné ; il l'a lû. Et
qui le lui a donc montré ? Votre lettre m'avoit promis le fecret. Oh ! me
répondit-il, peut-il y avoir de fecret
après que vous avez confié votre livre à un homme fans honneur & fans
foi, tel que N....

Je fors & vais chez la Comteffe de
**. Je lui conte mes peines : elle m'af-
fure que Voltaire eft mon ami ; que
tandis que tout le monde me déchiroit il avoit feul parlé pour moi, que
lorfque le paffage fut cité à ce fouper
du Roi qui me fut fi funefte, il avoit
dit en reculant brufquement fa chai-
fe, qu'il étoit affreux qu'un jeune
Etranger ne pût paroître à Berlin
fans être oprimé.

Que ces faits vinffent de Mad. de
**.

* * ou qu'ils vinffent de Voltaire, je les rejettai comme abfolument contraires à la fcene que je venois d'avoir.

Le lendemain, je fus chez N....; Je lui fis des reproches de ce qu'il avoit montré mon livre au Roi, contre la parole qu'il m'avoit donnée : il m'affura & me protefta que le Roi ne l'avoit point vû. Il me dit en me reconduifant, qu'il me confeilloit de partir au plûtôt ; qu'infailliblement le Roi verroit mon livre, que s'il le jugeoit mauvais, il ne fe foucieroit pas de mes fervices ; que s'il le trouvoit bon, il ne voudroit pas que l'Europe fçut qu'il avoit auprès de lui un homme qui voyoit auffi bien que moi.

Je fouris de cette réfléxion, & je vis bien que N...., portoit toute la petiteffe de fon efprit, dans les conjectures qu'il formoit fur le Roi. Cependant il m'avoit fi fort allarmé, que je lui dis en fortant ; faut-il que je craigne fi fort aujourd'hui un Prince qu'hier j'aimois tant ?...

J'allai

J'allai chez M. de Maupertuis,
non pour avoir des Eclairciffe-
mens, mais pour l'affûrer que je n'a-
vois pas eu intention de l'offenfer.
M. de Maupertuis me dit qu'il étoit
vrai, que M. de Voltaire avoit donné au Souper du Roi une mauvaife
interprétation à un Paragraphe du
Qu'en dira-t-on, comme fi j'avois
voulu dire que les favans de fa Cour
étoient des bouffons & des nains,
& que le Roi étoit un petit Prince
d'Allemagne ; mais que le Comte
Algarotti étant defcendu chez M.
de Voltaire, & aïant tranfcrit le paffage, le lui avoit aporté à minuit :
qu'ils avoient jugé l'un & l'autre
que Voltaire l'avoit défiguré avec
beaucoup de mauvaife foi, qu'ils n'y
avoient rien trouvé d'injurieux ; qu'il
étoit clair que j'avois voulu dire,
qu'autant que le Roi de Pruffe eft
au-deffus des Princes qui font leurs
délices des bouffons & des nains,
autant les favans de fa Cour font au-
deffus des nains & des bouffons ;
que vraifemblablement ce qui avoit

piqué

piqué Voltaire, c'étoit ces mots
qu'il n'avoit pas dit au Roi, *Il y a*
eu de plus grands Poëtes que Voltai-
re : il n'y en eut jamais de fi bien ré-
compenfé.

Sur ce que je demandai à M. de
Maupertuis, fi le Roi étoit irrité
contre moi, il me répondit qu'il ne
le croïoit pas, mais qu'il lui avoit
paru que ceux qui étoient à table,
étoient affez mal à leur aife en voïant
l'emportement de Voltaire, qui ap-
puyoit toûjours fur ce qu'on les com-
paroit à des bouffons & à des nains,
comparaifon que le Roi dans le
fond pouvoit trouver affez jufte.

M. de Maupertuis me dit encore,
que fi je croyois que le Roi fût pré-
venu contre moi, il me confeilloit
de lui envoïer mon livre comme le
feul moyen de le déprévenir : ce que
je fis, non par la voie de N....., duquel je me défiois, mais par celle de
M. de Frederesdoff, comme M. de
Maupertuis me l'avoit confeillé.

Malheureufement je dis à Madame
de *** que je venois d'écrire au Roi,
&

& de lui envoyer le livre pour le dé-
fabufer. Cette Dame, amie de Voltaire, le lui redît ; Voltaire prit des
mefures avec N..... pour que ni le
Livre, ni la Lettre ne parvinffent à
Sa Majefté. Après avoir été renvoyé
plufieurs fois pour la réponfe de
Fréderesdorff à N....., de N..... à
Fréderesdorff, toûjours mifterieu-
fement, je reçus une Lettre de N....
qui me difoit au nom du Roi des
chofes qu'il n'eft pas poffible que le
Roi lui ait commandées.

Le 14. M. le Comte Algarotti
vint me trouver, & me dit avec en-
thoufiafme qu'il n'étoit pas indifpofé
contre moi, qu'il n'avoit à m'offrir
que des remercimens, & des regrets
d'avoir été trop crédule ; que le
trait étoit à la loüange du Roi, que
le Roi étoit *Trajan*, que j'étois *Pli-*
ne, qu'entre tant de *Héros il n'ofoit*
fe placer.

Cependant M. de Voltaire ne cef-
foit de me rendre de mauvais offices
auprès du petit nombre des perfon-
nes qu'il voyoit. Il difoit aux uns
que

que j'étois un homme dangereux,
ce qui n'est assurément pas, aux autres que j'étois un petit esprit, ce
qui peut fort bien être, mais que je
n'aime pas qu'on dise.

Je m'ouvris à M. de Maupertuis de
mon projet d'Auteurs Classiq. François, il le goûta, me promit d'y entrer & d'y faire entrer l'Académie, &
fut d'avis de l'envoyer au Roi. M.
de Voltaire & N:... empêcherent
encore que mon Mémoire ne parvint
à Sa Majesté; le premier craignant
qu'Elle n'en fût instruite par le bruit
public, dit tout le mal imaginable
d'un projet, dont quatre mois auparavant il m'avoit écrit tout le bien possible. Il est vrai que quatre mois auparavant j'étois à Coppenhague, &
que M. de Maupertuis n'entroit pour
rien dans mon projet.

En même tems on me fit insinuer
par le Chevalier de S. André, qu'il
étoit essentiel pour moi de partir in-
cessamment; on ajoûta que le Roi
l'avoit dit en termes exprès à la table de la Reine Mère. Je répondis
que

que cet avis qui détermineroit un
autre, suffisoit pour me faire rester;
que si le Roi vouloit que je partisse,
il sauroit bien m'en envoïer l'ordre:
que je n'étois pas un homme assez
important pour pouvoir lui être sus-
pect.

Quelques jours après, on me ré-
péta le même compliment au nom
du Prince de Prusse. Je répondis
que j'en parlerois à S. A. R., & que
si j'avois le malheur de lui déplaire,
je saurois me prescrire ce que je savois bien qu'Elle ne voudroit pas
elle-même m'ordonner. Je me rendis
chez le Prince, il n'étoit point visi-
ble: le lendemain chez la Reine
Mère, j'allois l'aborder lorsque Madame la Comtesse de **, me dit
qu'elle me vouloit sauver les désa-
grémens d'un pareil entretien. J'é-
tois à deux pas; j'entendis tout. Au
premier mot de Mad. de ** le Prince de Prusse témoigna d'une façon
énergique son ressentiment du discours qu'on lui prétoit, assura qu'il
n'avoit jamais rien dit de semblable,
que

que je ne lui déplaifois point , qu'il
ne m'avoit point parlé depuis le
jour que je lui avois été préfenté ,
&c.

Quelqu'irrité que je fuffe de ces
procédés , que j'attribuois avec raifon à M. de Voltaire & à fon parti ,
je crus qu'il étoit inutile de rompre
entièrement avec lui , & qu'il convenoit encore de le ménager. On défar-
me un tigre en le careffant. J'allai le
voir le 3. de Janvier 1752. avec M.
de la Lande , le même qui à 20. ans,
fans cabale , fans femmes , eft entré
dans un Corps , où il eft fort glorieux
d'entrer à 40. Il fut témoin de l'accueil de M. de Voltaire ; il vit combien je me poffedai , combien je
donnai à la douceur , à la pitié , au
refpect qu'on doit aux talens ou à
l'opinion. Il falloit que le defir de
n'être pas mal avec cet homme ,
fût gravé bien profondement en moi.
Ma modération fût fi grande que M.
de la Lande en fût étonné ; & M. de
la Lande eft l'homme de France le
plus modéré.

                              Le

Le 6. du même mois , parut mon
Ode fur la mort de la Reine de Dannemarck ; on la trouva très-belle ;
& elle l'étoit pour Coppenhague où
je l'envoïai , & encore plus pour
Berlin, où il y a moins de gens de
goût qu'à Coppenhague. M. de
Voltaire, que Mad. la Comteffe de
** avoit prié de ne point dire qu'-
elle étoit mauvaife , le dit au Roi.
Je n'en fus point bleffé : mais je lui
fis répondre que mes vers étoient
du moins meilleurs que fes procédés,
& que fon Épitre contre Dieu.

Le Roi parlant de cette Ode au
grand couvert dit : que j'avois un
recueil de Lettres de Mad. de Maintenon , mais que vraifemblablement
je l'avois acquis par des voïes mal-
honnêtes. M. de Voltaire étoit le
feul à qui j'euffe parlé de ces Lettres ; je l'avois affuré que je les te-
nois de bon lieu , quoique je ne con-
nuffe aucun des parens ni des amis
de Mad. Maintenon : là deffus , il
crut, ou feignit de croire que je les
avois volées. Je lui pardonnai cette
hor-

horrible conjecture: je lui pardonnai
de l'avoir publiée : elle étoit dans
toutes les regles de la logique de
son cœur.

Mad. de ** porta mes plaintes à
M. de Voltaire, qui convint qu'il
s'étoit mépris ; mais qui répandit
ensuite que ce recueil, que je disois
si précieux, étoit à S. Cyr à quatre
Louis. C'étoit abuser étrangement
de l'ignorance, où l'on est en Allemagne de la façon de penser des Da-
mes de S. Cyr. Cette fausseté parvint jusqu'aux Reines. J'eus la satisfaction de les desabuser par des Lettres qui ne prouvoient pas à la vérité
ma discretion, mais qui prouvoient
du moins l'imposture, je dirois de
mes ennemis, si je m'en connoissois
plus d'un.

Mad. de ** qui se flattoit de nous ra-
procher, gronda M. de V. de ce nou-
vel acte d'hostilité. Il le nia, & dit
que c'étoit un bruit sorti de la mai-
son de Mylord Tyrconnel ; cela
étoit vrai, mais c'étoit lui qui l'y
avoit fait entrer.

M. de Voltaire m'avoit éloigné

de Mylord Tyrconnel à qui j'avois
été recommandé dans les termes les
plus preſſans, en lui perſuadant que
je l'avois trompé dans la confidence,
que je lui avois faite du ſujet de mon
voïage à Berlin. Pour m'enlever entièrement ce Miniſtre, il l'aſſura que
j'étois fort mauvais catholique; que
vraiſemblablement j'étois Suiſſe;
que du moins je n'étois pas de Languedoc, & la preuve, c'eſt que je
n'en ai pas l'accent, & que je ne
connoiſſois pas M. de Beauregard
que tout le Languedoc connoit, &
qu'il étoit impoſſible qu'un Langue-
docien ne connut pas.

Je ſçus ces préventions de M. de
Tyrconnel par le froid qu'il mit
dans ſon accueil, par le Chevalier de
S. André & par le Baron de Taubenheim.

Le 27 Janvier j'eus une avanture
qui eut des ſuites déſagréables pour
moi. Le Comte de Hake, Com-
mandant de Berlin, homme élevé
dans la haine du nom François, entra
dans

dans cette affaire comme s'il n'avoit
pas été mon Juge, & l'expofa au Roi
avec autant de paffion que s'il n'eût
pas parlé au Prince le plus ami de la
vérité. Je fus condamné fans avoir
été interrogé, ni confronté, fans qu'il
m'eût été permis de parler, ni d'é-
crire.

Je fus conduit à Spandau, non
dans la Citadelle, mais dans la Ville.
Là, j'écrivis au Roi, au Comte de
Podewils, au Prince de Pruffe, au
grand Chancelier. Je reclamois la
protection des loix qu'on avoit toutes violées. Je crus que N.... infpi-
ré par M. de Voltaire [car quelle
aparence que N.... fût par lui-même fi méchant!] avoit fupprimé les
Lettres par lefquelles j'inftruifois S.
M. dont on avoit furpris la Religion.

Il craignit fi fort que je ne partiffe
pas, qu'il écrivit un billet à M. le
Févre, Capitaine Ingénieur, dans
lequel il l'affuroit que le Roi étoit
perfuadé avec tout le Public, qu'on
m'avoit traité d'une manière injufte,
mais

mais qu'on ne cherchoit qu'une oc-
cafion pour me jouer ce mauvais
tour. Vous voïez que N. ... ne me
difoit pas bien finement que fon Maître avoit des impreffions fâcheufes
contre moi. Mais croiriez-vous qu'il
n'en avoit point, & que dans le même tems qu'on m'affuroit qu'il ne fe
foucioit pas de moi, on lui faifoit
entendre en envénimant mes dif-
cours fur la place de la Mettrie, que
je ne me fouciois pas de m'aprocher
de lui.

C'eft ce que j'apris à Spandau par
une Lettre de Coppenhague, dont
voici les termes : *L'ami de M. de*
Hazeler (l'ami c'eft le Roi, M. de
Hazeler c'eft le Miniftre du Roi en
Dannemark) *lui écrit que bien loin*
de chercher à l'entretenir, vous pa-
roiffez être bien aife de vous en éloi-
gner. Ne pourriez-vous pas faire une
nouvelle tentative ?

Il n'étoit plus tems : j'étois dans
une Cour, où la vérité eft plus con-
nuë qu'ailleurs, mais ne fe retrouve
jamais quand on l'a une fois man-

M

quée, où tout le monde peut nuire
& perfonne ne peut fervir. Je n'a-
vois qu'un petit nombre d'amis fans
crédit. Tout le monde m'abandon-
noit, quoique tout le monde me fçut
innocent. M. de Maupertuis feul eut
le courage de ne pas rire au récit
que le Roi mal informé faifoit de
mon affaire, & le courage de conter le fait, de manière à ne pas faire
rire le Roi, auquel il dit, que quand
même la chofe fe feroit paffée comme le Capitaine Cochuius le racon-
toit, le Capitaine Cochuius n'en
feroit pas moins coupable d'avoir
excédé fes droits, & de m'avoir
coupé la bourfe.

M. de Maupertuis ayant préparé
le Roi à recevoir la vérité, M. le
Comte de Podewils la lui écrivit:
M. de Hake reçut ordre de réparer
fes torts. Il en remit le foin à des
Commiffaires, qui me rendirent
juftice de la maniere la plus injufte.
Le Capitaine Cochuius & fa femme
furent dans trois jours faifis, oüis,
confrontés, jugés, condamnés, pu-

nis. Une Lettre de Cachet confirma
la Sentence.

Le 8 Février, de retour à Berlin,
Mad. la Comtesse de * * me dit,
que M. de Voltaire avoit hautement
condamné l'iniquité du Comte de
Hake, & que si l'on avoit suivi
son conseil, tous les François de
Berlin auroient été se jetter aux piés
des Reines pour invoquer la protection des Loix, qu'on s'étoit plû
à enfraindre à l'égard d'un François.

Je me livrai aux sentimens de la
reconnoissance, & au désir de me
raccommoder avec lui. J'allai le
remercier; il reçut mes remercimens, comme s'il les avoit mérités:
nous nous promimes d'oublier tout.

Le même jour j'appris de M. de
la Lande le service que M. de Maupertuis m'avoit rendu, & du Baron
de Taubenheim, que M. de Voltaire avoit dit chez Mylord Tyrconnel que mon affaire ne regar-
doit pas les François, parce que
je ne l'étois pas; que si je l'étois,
j'avois été banni de France; que si
M ij

je n'avois pas été banni de France,
je l'avois été de Dannemarck ; que
fi je ne l'avois pas été de Dannemarck, j'étois du moins un mauvais Chrétien, & en cette qualité
indigne de l'appui du Miniſtre de
Sa Maj. Très-Chrétienne. Il avoit
débité cent choſes de cette force,
& entr'autres que le Miniſtre de
France venoit d'infliger une grande
peine à l'Introducteur de *mes Pen-*
ſées à Paris ; que je lui avois écrit
de Coppenhague , que le Roi lui
faiſoit ſes Complimens ; & qu'enfin
j'étois accablé de dettes, quoique
lorſque je fus arrêté je ne duſſe que
40 liv. à mon Auberge ; ſomme
qu'il m'étoit phyſiquement impoſſible de lui faire tenir , & pour laquelle cependant mes effets furent
ſaiſis, diſperſés , volés. Tout ceci
n'étoit point des nouvelles des ſoupers du Roi : je les appris par la
voix publique.

Je priai Mad. * * de faire part
à M. de Voltaire de ce que je venois
d'apprendre , & de lui témoigner

combien je ferois charmé qu'il tâ-
chât de détruire les propos qu'on lui
prétoit.

Le 14. il me fit prier deux fois
de paffer chez lui : je crus que Mad.
de ** lui avoit parlé & qu'il vouloit
fe juftifier. A peine fus - je affis,
qu'il me dit , " j'ai apris avec le plus
,, fenfible chagrin, qu'on a débité ici
,, quelques exemplaires de ce Livre,
,, où un Chambellan du Roi eft traité
,, de bouffon & de nain. Je lui répondis qu'avant le traité de Paix j'en
avois donné 12. à un Libraire , que
hier j'en avois racheté la moitié qui
m'avoit couté 250 liv., qu'ainfi il
n'y en avoit que 6. exemplaires de
diftribués. Six exemplaires ! repli-
qua-t-il , ce font 6. coups de poignard. Je ne vous avois point promis, lui répondis-je, de racheter
des exemplaires, je l'ai fait par égard
pour moi-même ; je m'attendois à
des remercimens , & vous me faites
des reproches ! Je croyois que tout
étoit fini , & vous recommencez

avec plus d'aigreur que jamais.
Quelle conduite !

Après avoir fait deux tours dans
la chambre , il me dit qu'il y avoit
un moyen de reparer l'outrage. Il
faudroit , pourſuivit - il , un Carton , où par les contraires vous
déſavouaſſiez le ſens qu'on peut
tirer de ce paſſage. Je lui repliquai
que je n'aimois pas les Cartons , que
le livre étoit déja répandu à Paris ,
qu'un Carton étoit inutile , & que
je ne ſavois qu'y mettre. Il m'auroit
bien tiré d'embaras.

Ne faites-vous pas à Hambourg
une ſeconde Edition ? Oui , on y en
fait une , mais vous ne ſauriez y entrer : on en ôtera tout ce qui n'eſt
pas politique ; on n'y laiſſera que de
grands hommes. Mais vous y laiſſe-
rez M. de Monteſquieu ! Aſſure-
ment lui dis-je , ni moi ni mon Livre ne pouvons vivre ſans lui : mais
M. de Monteſquieu eſt un homme
grand dans le grand , au lieu que les
Poëtes ne ſont *grands que dans le petit*. Du reſte , je ſuis fort ſurpris que

vous vouliez une place dans un ouvrage dont il y a tant de mal à dire,
& dont vous en avez tant dit chez
Mylord Tyrconnel.

Puifque vous ne m'entendez pas,
me dit-il, c'en eft fait. Volontiers,
repartis-je : auffi bien n'étoit-ce que
par égard pour le public que j'en ai
eu jufqu'ici pour vous.

A ces mots, fon vifage s'enflamme,
fes traits s'allongent, fes yeux s'ar-
ment de la foudre, fa bouche fe
remplit d'écume, fes bras fe placent
à fes côtés avec une majeftueufe fureur: Vous euffiez dit qu'il jouoit Rome fauvée. Traiter ainfi, s'écria-t'il,
traiter ainfi un Officier de deux mo-
narques! traiter, ainfi un Chambellan du Roi ! Si vous n'en êtes pas
content, je vous traiterai comme il
vous plaira: vous n'avez qu'à choifir.

Cependant il fe battoit en retraite vers un cabinet voifin, en affez mauvaife contenance. Je lui dis:

Que mes armes, Conful, ne bleffent point vos
yeux.

Je ne violerai point l'hofpitalité ;

mais à cela près, craignez tout de
moi. Dieux ! s'écria-t'il, quelle in-
folence ! dans ma maifon ? Le té-
méraire s'en repentira. Le repentir,
miférable que tu es, fera pour toi.
Je fais toutes tes noirceurs ; je fouil-
lerois ma bouche en les répétant ;
mais je faurai les punir. Mon reffentiment vivra plus long-tems que
tes vers. En ce moment j'étois fi indigné, que je crus qu'il me feroit
poffible de lui tenir parole. Je me
connoiffois mal.

Mad. la Comt. de ** fe mit en tête
de nous racommoder encore. Elle
me dit qu'elle étoit fure de ce M. de
Voltaire qui ne l'a jamais été un in-
ftant de lui-même. C'étoit beaucoup.
Elle exigea que n'étant pas poffible de
nous voir fans en venir aux mains,
nous nous écriviffions, & que j'é-
criviffe le premier : c'étoit encore
plus. Mais quand on a un droit fi
clair, on ne menage pas le terrein.
J'obéis à Madame de ** ; elle ap-
prouva ma Lettre, malgré un
peu de cette hauteur qu'on prend
fans s'en appercevoir quand on écrit

à un homme qui s'eſt avili.

Le lendemain, elle me remit la réponſe de M. de Voltaire, que je ne voulus pas recevoir parce qu'elle n'étoit pas ſignée, & qu'au lieu d'u‐ne acceſſion à la Paix, elle ne répon‐doit qu'à l'envelope de ma lettre ; il ſe plaignoit que je lui avois ôté le titre & les honneurs de la Charge de Gentilhomme ordinaire, *que le Roi,* diſoit-il, *m'a conſervée.*

En ce tems-là, parut *le Siécle de Louis XIV.* Je dis avec tous les gens de goût que c'étoit un Livre plein de pauvretés, de fautes & d'eſprit. Quelques perſonnes le niérent, Pour le prouver je travaillai à un examen de cet ouvrage. M. de Voltaire en fut informé par la Comteſſe de * *, à qui je confiois tout, parce que je ſavois qu'elle lui diſoit tout. Pour peindre ſes allarmes, il faudroit ſa‐voir juſqu'à quel degré il eſt épris de lui-même.

Mad. de * * me fit entendre que M. de Voltaire ſeroit vengé d'une maniere éclatante, & qu'il trouve‐roit de l'apui dans pluſieurs Souve‐

rains. Je lui répondis que si elle m'a-
voit ordonné de sacrifier mon travail à mon respect pour elle, je n'aurois pas hésité ; mais qu'en me ren-
dant les menaces de M. de Voltaire,
elle & lui me mettoient dans l'im-
possibilité de ne pas continuer.

M. de Maupertuis tomba dans
l'état où vous le voyez aujourd'hui.
Je lui témoignai par mes assiduités
l'interêt que je prenois à sa santé. M.
de Voltaire ne tenta plus à me rega-
gner, & la Comtesse de ** en dé-
sespéra.

M. de Voltaire a prétendu que
M. de Maupertuis m'avoit *excité*
contre lui, en me rapportant des
choses qui s'étoient dites au souper
du Roi. Rien n'est plus faux, & le caractère de l'un & de l'autre le dit assez.

Il cite une de mes Lettres à M.
Roques ; mais que ne la cite-t'il en
entier ? Pourquoi la tronque-t'il ?

Il me fait accuser, dans ce passage mutilé , M. de Maupertuis de
m'être venu trouver chez moi pour
m'animer contre Voltaire par des
raports. M. de Maupertuis ne m'a-

voit pas encore dit quatre paroles
quand à son retour de Potzdam il
me rendit la premiére visite que je
lui avois faite à mon arrivée à Berlin. Il ne me trouva pas : le lendemain je courus chez lui , comme je
viens de vous le conter : & j'achevai
d'être instruit des duplicités de M.
de Voltaire.

Au mois de Mai 1752. je partis
de Berlin. Je fis imprimer à Gotha 4.
feuilles de mes remarques sur le
Siécle de Louis XIV. que je brûlai
par égard pour Mad. de **. Mais
ayant apris à Francfort que M. de
Voltaire avoit écrit à Paris des choses qui m'étoient désavantageuses ,
je livrai ce que j'avois de fait à un
Libraire. M. de Voltaire en fut instruit par M. Roques , qu'il pria d'ac-
commoder cette affaire , de faire
supprimer cette Edition , offrant de
rembourser les frais au Libraire , &
ajoutant qu'il ne me connoissoit que
par les services qu'il m'avoit rendus
à Coppenhague & à Berlin. Voyez ,
M. si je ne suis pas bien ingrat.

M vj

LETTRE

A MADAME D***.

JE viens de lire, Madame, un mémoire de M. de Voltaire, où je ne suis pas surpris qu'il m'ait maltraité, mais que je suis surpris que vous ayez répandu. Il a ses raisons pour continuer à me nuire ; je ne sache pas que vous en ayez pour commencer. Je vous le renvoye avec ma Réponse à mi - marge : je vous prie de la répandre aussi : vous me devez cette espece de satisfaction.

Je viens de voir une lettre de Berlin, où Voltaire me menace de mille personnalités dans un Supplement qu'il prépare à son *siécle* de Louis XIV. Ne faisant que d'entrer dans le monde, il me seroit sans doute glorieux d'y être annoncé par Monsieur de Voltaire, mais je n'aime point les personnalités, non que je croie qu'il y ait du mal à dire

de moi ; mais je fçai par expérience que Monfieur de Voltaire
aime à en imaginer fur mon compte.
Si vous daignez, Madame, prendre
encore quelque interêt à lui, con-
feillez-lui de fe jetter fur mes Ouvrages, je les lui abandonne ; mais
qu'il évite avec foin les injures, je
ne les lui pardonnerois pas. Il vo-
mira contre moi des calomnies ; j'y
oppoferai des verités. Il manque un
tome à la Voltairomanie ; ce tome,
on le fera peut-être (car qui peut répondre de fon reffentiment?) en don-
nant un abrégé de fa vie, & un examen dé fes œuvres, un détail de fes
procédés à mon égard, & une rela-
tion de l'affaire du Juif, fur laquelle
on a des mémoires qui vous étonne-
roient peut-être.

Cet Ouvrage eft trop contre mon
caractère pour que je ne cherche pas
à me l'épargner. Il vous feroit de
la peine ; & vous êtes, Madame,
la perfonne du monde à qui je voudrois le moins en faire. Il fouleve-
roit contre moi les partifans de M.
de Voltaire ; & fi parmi les zelés il

y en a peu que je craigne, du moins
y en a-t'il quelques-uns que j'aime
& beaucoup que je respecte : il me
donneroit la reputation d'homme
trop sensible ; & par cette lettre je
veux prendre & les voyes de la douceur & acte de modération.

Que Voltaire ne me force donc
point à des excès que je condamne-
rois moi-même ; je vous remets,
Madame, les interêts de sa gloire &
de mon repos.

Peut-être devrois-je être insensi-
ble à toutes ces injures ; car dans le
fond ce ne sont que des injures de
Voltaire, & le Libelle qu'il a fait
contre moi n'est ni plus méprisant ni
plus atroce que le Libelle qu'il vient
de faire contre Dieu. * Mais je l'a-
voue, ma Philosophie ne va pas encore jusqu'à cette insensibilité. Que
les hommes deviennent Stoiciens,
& je tendrai à la fiere sagesse de
Zenon.

---

* *Epitre contre Dieu.* Pour comble de
folie, il a adressé au premier des Sages
cette satyre contre le premier des Etres.

MÉMOIRE
DE M. DE VOLTAIRE,
APOSTILLÉ
PAR M. DE LA BEAUMELLE.

Berlin, 27 Janvier 1753.

DU jour que j'arrivai à Potzdam, Maupertuis m'a témoigné la plus mauvaise volonté. [a] Elle éclata lorsque je le priai de mettre Monsieur l'Abbé Raynal de son [b]

---

[a] M. de Maupertuis & M. de Voltaire furent d'abord fort unis : tout Berlin, tout Potsdam le sait. *Voltaire, écrivoit alors M. de Maupertuis à ses amis, Voltaire est un homme admirable : il fait les choses les plus charmantes avec autant de facilité qu'un autre en fait de communes.* M. de Maupertuis ne traversa point son projet sur l'établissement d'une Académie des Arts.

[b] Terme de mépris, qui ne semble pas fait pour un corps dont le Roi de Prusse est Chef, & dont M. de Voltaire est membre.

Académie. Il me refufa avec hauteur, & traita l'Abbé Raynal avec
[*c*] mépris. Je lui fis [*d*] ordonner
par le Roi d'envoyer des patentes à
M. l'Abbé Raynal ; on peut croire
que Maupertuis ne me l'a pas par-
donné. [*e*]

Un homme [*f*] que je crois Gé-

[*c*] L'Abbé Raynal a trop d'efprit pour
donner dans ce piége : M. de Maupertuis
m'a dit de lui ce que le Public en a dit ; &
le Public en a parlé avec eftime & avec
éloge.

[*d*] Remarquez qu'ici c'eft le Roi qui
ordonne, & M. de Voltaire qui *fait* ordonner.

[*e*] Ce n'eft point l'Abbé Raynal qui
les brouilla ; ce fut l'hiftoire du Juif. M.
de Maupertuis crut qu'il lui convenoit de
vivre à une certaine diftance d'un homme
qui en favoit plus qu'un enfant d'Ephraïm,
& duquel le Miniftre de France à Berlin
écrivoit : *Si Voltaire perd fon procès, il
fera pendu ; s'il le gagne, il fera chaffé.* M.
de Maupertuis l'évita : fi c'eft un crime,
tout Berlin en eft coupable.

[*f*] Que diroit M. de Voltaire de quelqu'un qui le défigneroit ainfi ! *un homme
célebre par quelques bons vers, & par quan-
tité de crimes, également digne de la fleur*

névois, [g]ou du moins [h] élévé
à Généve , nommé La Beaumelle ,
ayant été chassé [i] de Dannemarc,

---

de lys & du laurier , nommé Arouet. Du
moins il ne l'accuseroit pas de calomnie ,
& j'en accuse M. de Voltaire.

[g] M. de Voltaire me croit Genevois ,
parce qu'un jour que je lui disois que
j'étois François, il me demanda si je connoissois M. de *Bauregard* , & que je crus
que la civilité vouloit que je ne me remisse
pas le nom de l'homme qui le premier lui
a si bien appris à souffrir avec patience.

[h] Je ne suis ni Genevois , ni élévé
à Geneve. J'y ai passé quelques mois avec
la permission du Roi. Du reste , si je n'é-
tois pas né François , je voudrois être né
Suisse : & je trouve très-beau le titre que
M. Rousseau met à la tête de ses ouvrages.

[i] Voltaire se trompe. Je demandai
mon congé & je l'obtins : je ne demandai
point de gratification , & le Roi de Dannemarc m'en accorda une très-considérable.
Il ne tint qu'à moi de retourner à Coppenhague reprendre mon poste. J'ai des preu-
ves de ces faits. A la vérité, je ne suis plus
payé de ma pension : mais peut-être le
ferai-je un jour ; du moins elle n'est pas
supprimée. *Nil desperandum Teucro Duce ,*
& auspice Teucro.

arrive à Berlin [*k*] avec la première
édition du *Qu'en dira-t'on* ou de ses
Pensées. Dans ce livre devenu célébre par l'excès d'insolences [*l*] qui
en fait le prix, voici ce qu'on y
trouvoit.

» Le Roi de Prusse a comblé de
» de bienfaits les gens de lettres,
» par les mêmes principes que les
» Princes Allemans comblent de
» bienfaits un bouffon & un nain
» [*m*].

    C'est cet homme proscrit [*n*]

  [*k*] Je n'avois en arrivant à Berlin
qu'un seul exemplaire de la première édition du *Qu'en dira-t-on* ; & pendant tout
mon séjour je n'en ai distribué que douze
exemplaires, que M. de Voltaire appelloit
alors douze coups de poignard.

  [*l*] A cela je n'ai rien à répondre. M.
de Voltaire doit se connoître en excès & en
insolences.

  [*m*] Il falloit rapporter le passage en
entier. Je ne me retrouve point dans cette
citation.

  [*n*] *Proscrit* ? dans quel pays ? & pourquoi ? Serois-je l'Auteur de ce *Sermon de
Cinquante*, qui ne peut devenir public
que le Prédicateur ne soit mis en pièces

dans tous les pays, que Maupertuis
[o] recherche dès qu'il eſt arrivé,
& qu'il va ſoulever [p] contre moi;
en voici la preuve dans une lettre
écrite par La Beaumelle à M. le Paſteur Roques au Pays de Heſſe-Hom-
bourg.

---

par tous les Peuples qui vivent ſous la Loi
de *Chriſt*, de *Moyſe*, ou de *Mahomet ?*

[o] M. de Maupertuis ne me fit point
l'honneur de me *rechercher :* & quoique
M. de Voltaire, dès mon arrivée, me fît
la grace de me perſécuter, je ne *recherchai*
point ſon ennemi. Je crus que M. de Maupertuis avoit des préventions contre moi;
& cette idée m'éloigna de lui.

[p] Ce qui me *ſouleva* contre M. de
Voltaire, ce fut l'impoſſibilité de le ga-
gner, ſes baſſeſſes & ſes hauteurs, le
peu de cas qu'il faiſoit de ſa parole, la certitude qu'on ne pouvoit l'adoucir qu'en
entrant dans toutes ſes foibleſſes, & mon
horreur naturelle pour toutes ces foibleſſes-
là. Mais quel eſt ce *ſoulevement ?* Eſt-ce
ma critique de ſon *Siecle ?* Il lui ſeroit permis de faire des fautes, & il ne ſeroit pas
permis de les rélever ?

Fragment de la Lettre de La
Beaumelle. [q]

,, Maupertuis vient chez moi [r] ;
,, ne me trouve pas, je vais chez
,, lui, il me dit qu'un jour au fou-
,, per des petits appartemens M. de
,, Voltaire avoit parlé d'une maniere
,, violente contre moi, qu'il avoit
,, dit au Roi que je parlois peu ref-
,, pectueufement de lui dans mon
,, livre, que je traitois fa Cour phi-
,, losophe de nains & de bouffons,
,, que je le comparois aux petits
,, Princes Allemans & mille fauffe-

[q] Il falloit rapporter cette Lettre en
entier. Voltaire en a une copie qui lui a été
envoyée par mon ordre ; la Lettre auroit
éclairci le fait, rempli par le fens le vuide
qui eft dans le récit, & juftifié M. de Maupertuis.

[r] M. de Maupertuis au retour de
Potsdam, me rendit la vifite que trois fe-
maines auparavant je lui avois faite à Berlin. Voilà tout le myftère. Voltaire veut
abfolument que M. de Maupertuis foit
venu chez moi pour être fon délateur.
Rien n'eft plus faux. M. de Maupertuis ne
l'a point fait; & je n'ai ni écrit, ni dit qu'il
l'eût fait.

» tés de cette force [*s*]. M. de Mau-
» pertuis me conſeilla d'envoyer
» mon livre au Roi en droiture avec
» une Lettre qu'il vit & corrigea
» lui-même.

Le Roi de Pruſſe qui n'a ſçu cette
anecdote que depuis quelques jours,
doit être convaincu de la méchanceté atroce de Maupertuis , puiſque
Sa Majeſté ſçait très-bien que je n'ai
jamais dit à ſes ſoupers [*t*] ce qu'il

[*s*] M. de Maupertuis ne me le dît qu'a-
près que M. d'Arget me l'eut dit : J'allai
chez M. de Maupertuis pour lui expliquer
le paſſage ; je l'aſſurai que je n'avois pas
voulu l'offenſer : il me répondit que le
paſſage n'avoit rien d'injurieux ; & que le
Comte Algarotti , qui après ſoupé étoit
deſcendu chez Voltaire , le lui avoit rap-
porté tranſcrit , & avoit jugé comme lui
qu'il y avoit eu beaucoup de mauvaiſe foï
dans l'expoſé de M. de Voltaire.

[*t*] Qui l'a donc dit ? d'Arget & Voltaire étoient les ſeuls qui euſſent vû mon
Livre ; cela ſe dît au ſouper du Roi. M.
d'Arget ne ſoupe point avec le Roi : le
Marquis d'Argens n'en ſavoit rien : le Baron de Polnitz non plus. Le Comte Algarotti vint m'offrir des regrets d'avoir été

m'impute. Elle me rend [*u*] cette
juſtice : & quand je l'aurois dit, ce
ſeroit toujours un crime [*x*] à Maupertuis d'avoir [*y*] manqué au ſe-

---

trop crédule : d'un autre côté M. de Voltaire ne me cacha pas qu'il étoit fort cho-
qué de ce paſſage, me ſoutint qu'il étoit
contre lui & contre le Roi, & fut ſeul de
cet avis. Après cela , que penſer de la confiance avec laquelle il prend à témoin du
contraire Sa Majeſté ? Que dire de ſon
acharnement à imputer à M. de Maupertuis un rapport qu'il m'avoit fait lui-
même?

[*u*] Qui le lui a dit ? certainement ce
n'eſt pas ſa conſcience.

[*x*] Eh ! ne parlez donc pas de crimes,
M. de Voltaire. Ce mot réveille des idées
fâcheuſes ; & d'ailleurs quoi de plus ridicule que cette nouvelle loi du ſecret ſur
tout ce qui ſe dit chez un Roi ?

[*y*] On voit bien que M. de Voltaire
veut acquérir le droit de médire & de ca-
lomnier impunément à des ſoupers qui ne
ſont point faits pour cela.

Il y a une variante ſur ce qui s'eſt paſſé
à ce ſoupé du Roi. Le même jour que M.
de Voltaire ſe plaignit ſi amérement à moi
du paſſage , & s'en plaignoit ſeul , il dit à
Madame la Comteſſe de ✱✱ , de qui je le
tiens , qu'il avoit ſeul pris mon parti à la

cret qu'il doit ſur tout ce qui s'eſt
dit aux ſoupers particuliers du Roi.

[ʒ] On ſçait quelle violence
inouie il a exercé depuis contre M.
Kœnig bibliothécaire de Madame la
Princeſſe d'Orange : on connoit les
lettres qu'il a fait imprimer dans
leſquelles il outrage tous les Philoſophes d'Allemagne, & fait dire à M.
Wolf ce qu'il n'a point dit, afin de le
décrier [*a*].

---

table du Roi, où l'on me déchiroit, &
qu'il s'étoit écrié : *Quoi ! faut - il qu'un*
Étranger ne puiſſe paroitre à Berlin ſans être
opprimé ? M. de Voltaire commet donc
quelquefois *le crime* de réveler ce qui ſe
dit aux ſoupers particuliers du Roi, & qui
pis eſt, ce qui ne s'y dit pas.

[z] *On ſait.* Qui le ſait ? M. de Voltaire ſe prend & ſe donne toujours pour
toute l'Europe.

[*a*] Excellente apologie de l'*Acakia*,
& de tant de procédés qui valurent à M.
de Voltaire ces paroles ſi remarquables & ſi
applaudies : *Je ne vous chaſſe point, parce*
que je vous ai appellé ; je ne vous ôte point
votre penſion, parce que je vous l'ai donnée ;
mais je vous défends de reparoitre jamais
devant moi.

On n'ignore pas par quelles af-
freufes manœuvres il eſt parvenu à
m'opprimer [*b*]. J'ai remis à Sa
Majeſté ma Clef de Chambellan,
mon Cordon [*c*] tout ce qui m'eſt
dû de mes penſions [*d*]. Elle a eu
la bonté de me rendre tout, & a
daigné m'inviter à la ſuivre à Potzdam

[*b*] M. de M. eſt préſident de l'Académie. M. de V. veut ſa place. Kœnig eſt
condamné par l'Académie. V. ſous prétexte
de le défendre, écrit une douzaine de libelles contre M. de M. Voilà toutes les
manœuvres de M. de M.

[*c*] C'étoit le Cordon de l'Ordre du mérite.

(*d*) Il eſt bien étonnant que ce mot de
Penſion lui ait échappé, à lui qui me faiſoit un crime de l'avoir mis dans le paſſage
ci-deſſus mutilé ; il me diſoit alors que ce
que le Roi de Pruſſe lui donnoit n'étoit
point penſion, que ce n'étoit qu'un ſimple
dédommagement : cependant il ſavoit vendu
ſa Charge de Gentilhomme, il conſervoit
ſes appointemens d'Hiſtoriographe : les
cinq mille écus du Roi de Pruſſe étoient
donc le *dédommagement* des jettons de
l'Académie.

[*e*] Les

dam où j'aurois l'honneur de [e]
la suivre si ma santé me le permet-
mettoit.

(e). Les Lettres de Berlin s'inscrivent
unanimément contre ce fait. Du reste M.
de Voltaire pourroit, sans être bien avec le
Roi, y être aussi bien qu'il y étoit autrefois.
Qu'il me permette de l'exhorter à pleurer
ses fautes passées au lieu d'en faire de nouvelles ; qu'il emploie à imiter M. de Maupertuis, le tems qu'il passe à le déchirer.
Qu'il m'en croye & il fera bien.

Paris , 3 Mars 1753.

FIN

N

ERRATA.

Pag. 22. Lign. 24. effacez de rente.

P. 36, L. 23. au lieu de ces mots, vous embelliſſez tou ce que vous touchez, liſez : votre unique taent eſt d'embellir ce que vous touchez.

P. 49, L. 20. après reveiller, ajoutez : de leur létargie.

P. 54, L. 19. Il n'y auroit eu, liſez, il y auroit eu.

P. 56, L. 20. Que ne mettez-vous, liſez, que ne mettiez-vous.

P. 58, L. 14. Méfiez-vous, Monſieur, de ce gout, liſez, que penſer de votre gout.

P. 70, L. 13, après commencer, ajoutez : Après avoir été le déſerteur de ſes freres, il oſa être le panégyriſte de leurs perſécuteurs.

P. 73, L. 17. Du Chaila, liſez, Du Chai-lar.

P. 74, L. 25, n'en ait, liſez, n'y en ait.

P. 94, L. 10. croit admirable tout, liſez, ſe paſſionne d'admiration pour tout.

P. 96, L. 25. Ligurianam, liſez, Ligarianam.

P. 98, L. 1. Dans ce monde, liſez, dans celui-ci.

P. 102, L. 18. Piltoreſque, liſez, Pittoreſque.

P. 112, Lign. dern, été, liſez, a été.

www.ingramcontent.com/pod-product-compliance
Lightning Source LLC
Chambersburg PA
CBHW052355090426

42739CB00011B/2381